zwei Löwen

zwei Seelen in einer Brust

aus vier mach zwei

aus zwei mach eins

und eins ist keins

das ist das Hexen-Einmaleins

Jeannine Onori

hier und dort, kein Ort

1. Auflage Mai 2023

© 2023 Jeannine Onori
Alle Rechte vorbehalten

Herstellung und Verlag: BoD – Books on Demand,
Norderstedt

ISBN: 978-3-757-81076-4

für

Clea, Nives und Lorin

Quand je danse, il y a deux « moi » qui cohabitent : l'une qui ne se contrôle plus, en état de transe, et l'autre qui regarde avec lucidité la première. Parfois ces deux « moi » coïncident et engendrent une sorte de folie blanche, proche de l'extase.

Carlotta Ikeda (1987)

UTT, Solo von Carlotta Ikeda

Eine schwarze Bühne, der Lichtkegel ist auf eine kleine, zarte Japanerin gerichtet. Sie steht in der linken, hinteren Ecke, ruhig versunken in eine Innenwelt, weiss gepudert. Die Diagonale ist mit sanftem Licht vorgezeichnet.

Eine stille, kaum erkennbare Veränderung bewegt sie, sie verjüngt sich, sie wird klein und kleiner, sie ist ein Kleinkind. Die ersten Gehversuche in ausbalancierter Form sind kaum erkennbar. Zeit fliesst an Ort, Zukunft versinkt in Gegenwart. Raum dehnt das Kind aus, Leben zieht an unsichtbaren Fäden und das Kind drängt in sein Wachstum. Die Verwandlung ist ein Traum. Das Kleinkind wird Kind, wird Jugendliche, wird Frau.

Sie steht in der Mitte der Bühne, auf halber Strecke der beleuchteten Linie, der Lichtkegel ist immer auf sie gerichtet, begleitend, bescheinend. Die Richtung ist durch die Diagonale vorgegeben, aber im hellen Rund gibt es keine Vergangenheit, keine Zukunft, nur den Moment der Metamorphose, der unsichtbaren Verwandlung.

Sie wird älter. Die Frische der Haut vergilbt, sie ist zerbrechlich, durchsichtig, sanft, feingliedrig, feinfühlig. Sie berührt die Ewigkeit, den Frieden, die Rückkehr. Sie ist am Ende der Diagonale angelangt und das Licht erlischt.

Myrta

Sie heisst Myrta, nach der Aphrodite geweihten Myrte, dessen Zweige ein Symbol für Jungfräulichkeit, Lebenskraft und vieler gesunder Kinder waren. Die Myrte war auch ein Abbild für die über den Tod hinausreichende Liebe.

Der zu beschreitende Weg wurde mit ihrem duftenden Pflanzengewächs ausgestreut, während Weihrauch verbrannt wurde.

Myrtas Jungfräulichkeit ist seelisch, wertfrei, noch unberührt im letzten Lebensabschnitt, im Altern. Irritiert befürchtet sie, dass dieser Weg sie verletzen kann. In ihrem Innern fühlt sie die zarten Keime der Liebe, einer Kraft, die über den Tod hinausreicht und sie sucht das Vertrauen in einen Weg, der für sie ausgestreut und beweihräuchert wurde. Ein sanfter Schmerz kündigt Demut und Hingabe an.

Die Reise

Ankunft in der Ferne

Eine Reise ins Ungewisse, eine Reise in ein fernes Land, etwas Mutiges. „Mama mach es, geh, wage!" Der Reiseführer liegt schon lang auf ihrem Bücherberg, aber der Mut fehlte. Myrta weiss, dass sie nicht so leichtfüssig in fremde Kulturen eintaucht, sich leicht verliert, nach zwei Drehungen ist die Richtung nicht mehr klar erkennbar. Allerdings ist sie auch nicht die Person, die in Touristenströmen mitzieht. Das macht sie traurig, leer.

Sie bucht. Es ist beschlossen.

Drei Monate später in dieser Kleinstadt, die sie intuitiv als Ziel ortete, keine Vorstellung wieso und warum, eigentlich war die ganze Reise auf diesen abgelegenen Weltfleck am anderen Ende der bekannten und begehrten Hafenstadt ausgerichtet, sitzt sie auf der verlotterten Brandmauer am Meer, die Fusssehnen angerissen, kaum mehr mobil, einmal mehr verwirrt und etwas verloren. „Noch ein paar Tage und dann habe ich es gesehen und erlebt oder überlebt", denkt sie. Sie ist gut über die Runde gekommen, ausser in der letzten Stadt. Der Ermüdungssturz in der vorletzten Reiseetappe liess sie deutlich erkennen, dass ihre Kräfte aufgebraucht waren.

„Hallo meine Liebe, willst du mit mir tanzen?" Und schon drehten sie eine Runde auf offener Strasse. „Hallo möchtest du heute Abend einen Begleiter, komm doch noch in meine Wohnung." „Hallo, wie wär's mit Sex mit einem Mulatten. Die ganze Nacht." „Hallo, wir können in meinem Taxi tagelang verbringen, alles inbegriffen." „Hallo, möchtest du nicht einmal einen jungen Mann ausprobieren?"

„Hallo… Hallo.. Hallo.."

Aber das tänzerische Duo des gepflegten Herren, schwarz-weiss gestreiftes Hemd, weisse Hosen mit Bügelfalten, statusträchtiger Hut, mit dem weitaus jüngeren, charismatischen, kräftigen, selbstverliebten Dunkelhäutigen war die Reise wert. Der Tanz spielte mit den subtilsten Formen der Körperkommunikation, Facetten der Macht, Freude, Spass, Witz und Männlichkeit. Myrta meinte zu verstehen, dass der erfahrene, ältere Herr überlegen war oder war es Respekt, den ihm der Jüngere zollte und gerne erwies. Auf jeden Fall war es eine Herausforderung auf Augenhöhe und wie so vieles hier verschwiegen wird, hatten sicher auch sie ihre Geheimnisse und verborgenen Abmachungen.

Die Reise war bereichernd, die Mutprobe bestanden. Sie kann nun mit einer Ladung wundervoller Fotos, mit einer schönen Hautbräunung und einem gestärkten Selbstvertrauen wieder in die vertraute Umgebung zurückkreisen.

Es erwarten sie ein sicherer Job mit gutem Einkommen, erwachsene Kinder, die ihr immer loyal zur Seite stehen, Haus, Pferde, Katzen.

Das Leben ist ihr wohlgesonnen. Was will sie mehr? Wenn sie diese Prüfung bestanden hat, ist die Welt näher gerückt. Sie hat sich ihre Unabhängigkeit bewiesen und kann andere Destinationen ins Auge fassen. Noch ein paar Tage und dann darf sie wieder in der geschichtsträchtigen, europäisch vertrauten Kultur ankommen.

An diesem Morgen richtete sie sich in ihrer Unterkunft ein. Wie immer an einem neuen Ort in diesem fremden Land, fragte sie sich, was sie hier eigentlich wolle. Alles war dürftig, etwas schmuddelig, die Geräusche anstrengend, keine Fensterscheiben, nur Verdunkelungsklappen, immer und überall die gleichen Fernsehgeräusche mit den üblichen

Kitschserien. Aber sie kannte inzwischen ihre eigene Anpassungsfähigkeit und war gespannt, wie sich diese neue Umgebung am Folgetag anhören und anfühlen würde.

Der hinkende Spaziergang durch die Stadt wurde von stereotypen Zurufen begleitet: „Hallo, sehen wir uns heute Abend im Zentrum?" und sie antwortete locker und entspannt: „Natürlich, dort treffen wir uns." Aber eigentlich plante sie, den Touristenfallen aus dem Weg zu gehen und freute sich auf einen ruhigen Abend mit Hinhören, Gassenspaziergängen, Fotografieren in dürftigen Lichtkegeln, damit sie einen Hauch der Menschen in ihrem Alltag einatmen kann.

Sie sitzt auf der Brandmauer und schreibt ein paar Nachrichten in die Heimat. Sie braucht etwas Vertrautes und eine Anbindung. Als sie aufschaut, sitzt ein junger, dunkelhäutiger Mann, grosse Lippen, krauses Haar, kräftiger Körper, in gekonnt gelassener Haltung neben ihr und beobachtet sie. „Ich wollte dich nicht stören, sah, dass du beschäftigt warst." „Schon gut", antwortet sie. „Ich bin schon fertig."

Kurz das Übliche, woher sie komme, wohin sie gehe, ob es ihr hier gefalle. Dann nimmt das Gespräch eine andere Wendung. Er sei soeben aus der Hauptstadt angereist, dies sei sein erster Tag seit längerer Zeit wieder hier in seiner Heimat. Er habe dort auf dem Bau gearbeitet, weil es hier keine Arbeit gebe, aber die Situation in der Militärschule, wo sein Bruder wohnt und arbeitet, sei schwieriger geworden und die Schwarzarbeit werde nicht mehr geduldet. Sie schaut sich seine Hände an und stellt fest, dass dies wahr sein könnte, denn tatsächlich ist seine Haut an den Händen gerissen, mit Schwielen und Hornhaut. „Ein sympathisches, angenehmes Gespräch", denkt sie, „aber es reicht schon wieder". Sie will ihre Ruhe, ist müde und möchte sich verabschieden. Da meint er, wie zu erwarten war, ob sie denn heute Abend in das Tanzlokal im Zentrum kommen würde. „Ok", antwortet sie, „warum auch nicht", denkt sie und als gute Schweizerin weiss sie, dass sie ihr Wort halten wird.

Im Nachbarhaus singt die Frau in überzeugter Freude zur Tonkonserve eines Plattenspielers. Myrta hat noch kein solches Gerät in diesem Land angetroffen und offensichtlich inspiriert diese Kostbarkeit aus vergangener Zeit.

An einen Erholungsschlaf war nicht zu denken.

Der erste Abend

Nicht alle Stühle im kreisförmigen, halbdunklen Raum sind besetzt. Nur wenige Paare drehen und kreisen zum rhythmischen Puls der Musik. Der junge Mann wartet schon auf sie, frisch gekleidet, rasiert, gekämmt, ganz in Ausgehstimmung. „Negrito", kleiner Schwarzer, so nennt sie ihn insgeheim, „was erwartest du?" denkt sie noch, aber da fordert er sie schon zum Tanz auf. Sie lehnt ab, ihr Fuss ist sehr geschwollen und instabil. Das heizt ihn an, andere Damen einzuladen und er wirft ihr verstohlen immer wieder einen Blick zu, der fordert: „Sieh doch, wie gut ich bin, komm doch schon." Aber sie geht nicht darauf ein.

„Lass uns nach draussen gehen", sagt er nach den erfolglosen Andeutungen und ihr ist das ganz recht, denn eigentlich wollte sie gar nicht an diesem Ort sein. In der spärlich beleuchteten Gasse lehnt sie sich an die Wand, um Halt zu finden. Er nähert sich und meint nur kurz: „Du gefällst mir", hoch aufgerichtet, mit warmem Blick und korrekter Distanz.

„Irgendwie klingt das schön", antwortet sie. „Oh, nein, was spreche ich da? " denkt sie im selben Moment. Sofort ist er in freudiger Bewegung. „Komm lass uns in die Freiluftdisco auf der Terrasse gehen." Willenlos geht sie mit, eigentlich möchte sie umkehren, fortschleichen.

Offensichtlich gefällt dieser Ort der grossflächigen Tanzszene unter freiem Himmel den Einheimischen. Er schiebt sie an den Rand, will ihr den erhöhten Ausblick zeigen, aber dazu kommt es nicht, sofort drängt er sie an die Mauer und küsst sie heftig, ohne den leisesten Widerstand zu gewähren.

Er ist entschlossen.

Kurz danach sagt Myrta: „Mein Lieber, ich muss gehen, ich bin müde und mein Fuss schmerzt, ist dir doch recht, oder?" „Ich begleite dich." „Nicht nötig, bleib doch, du hast sicher Spass." „Nein, ich begleite dich, das gehört sich so."

Myrta hat die Orientierung verloren. Nachdem sie über eine Stunde ihre Unterkunft gesucht haben, sie Gassen auf und ab gehumpelt ist, sie wollte sich schon verabschieden und sich an den Strand legen, was er nie zugelassen hätte, bestimmt er: „Dann kommst du zu mir." Er wohne mit seinen Grosseltern, das sei kein Problem, sie solle einfach ganz still sein, damit sie unbemerkt bleibe.

Er hat keinen Schlüssel. Sie stehen im zweiten Stock vor der Tür eines einfachen Hauses mit Blechdach. Aus allen Räumen atmet, schnarcht und stöhnt es. Mit einem kleinen, kaum sichtbaren Fingerwink hinter dem Rücken, gibt er ihr zu verstehen, dass sie sich in die dunkle Ecke stellen soll. „Grossmutter, Grossmutter, mach die Türe auf, warum schliesst du sie zu?" Ein müdes Schlurfen nähert sich und der Riegel wird zurückgeschoben. Er führt sie im Halbfinstern an der Hand durch den kleinen Wohnraum, am parkierten Fahrrad, am Zimmer der Grosseltern vorbei. Geradeaus sei die Toilette, kein fliessendes Wasser und rechts sei sein Zimmer, da könne sie sich hinlegen.

„Vielleicht schläft er auf dem Sofa in der Stube", hofft sie insgeheim. Sie legt sich ins Bett, zerfetzte Tücher trennen die Räume, ein offenes Dachwerk verbindet die Zimmer, sie hört, wie die Grosseltern tief und schwer atmen und sich rekeln. Er dreht den alten, ratternden Ventilator an und legt sich zu ihr. Dann zieht er sie aus. Sie staunt, denn sie ist willenlos und gelähmt. Das ist nicht ihr Körper, den er betrachtet, berührt, in den er mit einer selbstverständlichen, kraftvollen Bewegung eindringt.

Die Grossmutter schlurft kurz danach im Wohnzimmer hin und her. Sie füllt Bottiche, da in diesem Wohngebiet das Wasser nur zu bestimmten Stunden und ausschliesslich in der Nacht fliesst. Hellwach liegt Myrta in Negritos Armen, die Federn der Matratze dringen durch den Stoff. Nach zwei Stunden weckt sie ihn, sie müsse gehen, sie könne nicht schlafen. Er flüstert, ihm gehe es gleich und er werde sie begleiten.

Als sie das Haus verlassen, kreuzen sie die Grossmutter. Im Nachthemd, mit drapiertem Kopftuch, schlohweissem Haar und mit, auch um diese Uhrzeit, hellwachem, neugierigem, schlauem Blick, nickt sie Myrta kurz zu.

Erfolglose Flucht

Am nächsten Tag flüchtet Myrta in eine Sicherheitszone, in ein Touristenresort nahe der kleinen Stadt, aber doch bedeutende zwanzig Kilometer entfernt und nur mit einem Taxi erreichbar.

Das Hotelzimmer ist schlicht, aber nach ihren diversen privaten Unterkünften wirkt es luxuriös. Sie hat ein eigenes Badzimmer, einen Fernseher, ein Doppelbett, einen Tresor und einen hübschen Balkon mit Sicht auf die wunderschöne Bucht. Alles ist auf touristische Bedürfnisse ausgerichtet und das Land ist kaum mehr spürbar. Nur noch der schlichte Empfangsbereich mit einem Holztisch als Theke, der wohl erzogene und distanzierte Gärtner, das zurückhaltende, aber stets beobachtende Personal, die ewige Zeitschlaufe, wenn man ein Bedürfnis anmeldet, weisen auf das Land hin.

Das Morgenessen ist fade und an einfachen Sinnesgeschmack angepasst. Aber sie ist genährt, immer noch müde und hofft jetzt auf einen erholsamen Schattenstrandtag mit Lesen, Erholung oder vermutlich eher mit Schlafen.

Sie liest zwei Seiten in ihrem Buch und schon taucht sie tief in einen kindlichen Erholungsschlaf. Sie weiss nicht, wie lange dieser traumlose Zustand gedauert hat, bis eine Ahnung sie weckt. Der Strand ist ruhig und leer, die meisten Touristen bleiben im bewachten Bereich des Hotels. Sie spürt eine Anwesenheit. „Was kann das sein", denkt sie, dann dreht sie langsam und müde ihren Kopf, erblickt die dunklen, schon bekannten, im Sand halb vergrabenen Füsse direkt neben ihrem Oberkörper. Zu den Füssen gehört der junge, starke Körper. Ohne zu zögern, unverständlich, zieht sie ihn zu sich herunter, umarmt ihn und ist seltsamerweise glücklich.

Nachdem sie sich ins lauwarme, salzige Nass gestürzt und sich wieder hingelegt hat, platziert er selbstverständlich seinen Kopf in ihren Schoss, berührt zart ihren Venushügel und schläft sofort ein.

Bei der einfachen Theke zückt er seine Papiere. Hinter dem Rücken bewegt er Myrta mit einem kleinen Fingerwink, den sie schon kennt. Aber dieses Mal verstärkt er den Wink mit Worten und einem befehlsmässigen Tonfall: „Setz dich!" Das tut sie gehorsam, etwas erstaunt und mit schläfriger Aufmerksamkeit. Sie setzt sich auf den einfachen Holzstuhl in die Ecke.

Der Anblick des Hotelzimmers lässt ihn auffahren, er öffnet alle Schränke, findet ein Bügeleisen, welches er als Kampf-körper im Spiel mit ihr einsetzt, gaukelt auf kleinstem Raum Verstecken, wirft sich genüsslich auf das Bett, öffnet alle Wasserhähne und lässt sofort ein Bad einlaufen.

Er wäscht Myrta sorgfältig, versunken, konzentriert. Sie muss lachen und er versteht nicht wieso. „So macht man das hier", erklärt er. Das Vorspiel beginnt in der Badewanne, auf dem Wannenrand und dann trägt er sie ins Bett.

Sie werden zusammen am Strand essen, sie werden noch eine schöne Zeit verbringen, sie möchte sich eigentlich davonschleichen, aber diese Situation kann man nur durch-waten, das Wasser reicht ihr schon bis zu den Hüften.

Beim Morgenessen fläzt er missmutig auf dem Stuhl herum und stochert in den trockenen Früchten. Kaffee mag er nicht, die Schokolade ist gut. Er zündet sich eine Zigarette an, wirft sie schmunzelnd und gezielt ins Gebüsch neben den nächsten Touristen.

Auf der Rückreise ins Städtchen wird er unruhig. „Könntest du mir nicht ein wenig Geld geben, damit ich für meine Familie Essen einkaufen kann?" Ihre Vorahnung hat sich bestätigt, aber sie will gerne etwas für die Familie tun. „Ich werde deiner Grossmutter etwas Geld geben, lass uns sie besuchen."

Das Quartier

Im Halbdunkeln spazieren Negrito und Myrta durch die Gassen. Anfangs sind die Strassen noch geteert, dann zweigen sie in die Erdstrasse ein, welche die Ankunft in sein Zuhause ankündigt. Die paar vergangenen Tage sind zeitlos. Myrta beobachtet besorgt, wie langsam Pflanzen mit Pfahlwurzeln ihr Herz durchdringen und sich dieser fruchtbaren Erde nähern. Negrito grüsst hier und dort, die Menschen reagieren freundlich, mustern sie neugierig.

Der Wasserturm ist ein gutes Orientierungsgebäude, das kann sie sich merken, an diesem Ort zweigt der Weg in sein Quartier ein. Hier lebt Negrito förmlich auf. Sein beschwingter Gang tänzelt zusehends mehr und seine Ausbildung als Boxer wird sichtbar. Er wäre gut geworden, hätte er nicht aufgegeben. Wenn Negrito verspielt einen Kampf mit ihr vortäuscht, wird er leicht wie eine Gazelle. Seine Passion ist geblieben, sein Körper erinnert sich.

Rechts passieren sie den Kindergarten, links drehen Knaben und Mädchen auf metallenen Sitzkreisel und schwingen auf Schaukeln dem Himmel zu. Der Spielplatz ist beliebt. Die letzte kurze Steigung führt sie zu den zweistöckigen Häuserblocks mit Innenhof. Der quadratische Bereich schützt eine halbprivate Welt.

Sie steigen die kurze Treppe hoch und stehen auf der Terrasse vor der Stube, die sie nur im Mondlicht kennt. Grossmutter und Grossvater schauen fern. Sie springen erfreut auf, als sie sehen, dass Negrito Besuch mitbringt. Das Hintergrundleben, die Geräusche das staatlichen Fernsehprogramm, das, wie so oft, die Heldentaten des Präsidenten aus der Zeit der Revolution und seine langatmigen Reden ausstrahlt, stören ihre Aufmerksamkeit nicht. Myrta trinkt einen guten Kaffee, den ihr die Grossmutter serviert und sie sprechen über Myrtas Erfahrung, ihre Familie, wie ihr die Reise gefallen hat und mehr. Das Gespräch bewegt sich leicht und vertraut. Der Grossvater, ein hagerer, kleiner, kantiger Mann mit sanftem Gemüt, verhält sich ruhig, zurückhaltend. Die Grossmutter, mit schlauem Witz und humorvoller Wendigkeit, unterhält sich neugierig.

Bei der Verabschiedung umarmen sie sich und Myrta steckt der Grossmutter Geld in die halbgeöffnete Hand, welche diese mit einem schelmischen Lächeln flink in ihre Schürze verschwinden lässt.

Komm zurück

Den letzten Abend verbringen sie mit Negritos Freund, einem knabenhaften, hübschen, hellhäutigen Kerl mit dunkelblondem, krausem Haar. Sie kaufen eine Flasche Rum, setzen sich in ein Terrassenrestaurant und trinken im Versteckten den Schnaps, der sich hier aus grossen Bechern wie billigen Wein trinkt.

Die Diskussion kreist um mögliche Geschäftsmodelle, hier vor Ort, in dieser wirtschaftlichen Übergangssituation. Die zwei Herren begeistern sich für die Idee einer Schweinezucht. Wie bitte? Dieser Projektvorschlag pulsiert keine Motivationsader von Myrta. Aber sie lässt sich auf den Gedanken ein und es wird gerechnet. Myrta denkt an Freilaufställe, grosse Wiesen, gesunde Schweine mit gutem Futter, so wie sie dies schon in argentinischen Unterlagen gesehen hat. Sie weiss noch nicht, wie die Tiere hier gehalten werden.

Negritos Onkel besitze einen kleinen Bauernhof, ungefähr zwei Kilometer vom Zentrum entfernt, dort sei er aufgewachsen und früher hätten die Grosseltern dort gewohnt. Der Onkel sei ein guter Mann, ein Christ. Die Christen würden nicht lügen, sonst kämen sie in die Hölle. Er werde mit ihm sprechen.

Am nächsten Morgen begleitet Negrito Myrta an die Bushaltestelle, der Flug wurde kurzfristig annulliert, sodass sie eine Teilstrecke mit dem Bus in die nächst grössere Stadt fahren muss. Die Reise zurück in die Hauptstadt wird um ein Vielfaches länger sein, aber Überraschungen ist sie sich schon gewöhnt und sie nimmt es gelassen. Wenn sie nur den Flug nach Europa nicht verpassen wird.

Als Abschiedsgeschenk lässt sie ein Seidenhemd, welches auch Männer tragen können, und ein angebrochenes Parfum zurück. Ein kurzes stummes Blickdankeschön zeigt ihr, dass es passt.

Er nimmt sie in die Arme und sie, ohne Gedanken und erkennbaren Impuls, sagt: „Ich werde hier nie mit einem anderen Mann zusammen sein." Etwas verlegen und irritiert zupft er seine Männlichkeit zurecht und antwortet: „Komm zurück!"

Sie kehrt auf dem Absatz und steigt in den Bus ein, den Blick in sich und in die innere Ferne gerichtet. Sie geht.

Silvester

Myrta kehrt am Jahresende zurück.

Negrito verbringt die Tage mit dem Freund auf dem Land in einem kleinen Dorf. Einfache Holzhäuser gruppieren sich entlang der Lehmstrasse. Strassenseitig öffnet sich eine Steinhöhle und schützt eine Gruppe von Männern beim Dominospielen vor der starken Sonne. Negrito ärgerte sich immer, wenn sie den Spaziergang in der Sonne dem Schattenjagen vorzieht.

Sie verbringen die meiste Zeit des Abends am Feuer beim Spiessdrehen in Rauchschwaden. Im neu gebauten Palmdachhäuschen wird ein Schweinchen gebraten.

Ein zahnloser Troubadour begleitet auf einer verstimmten, verkratzten und verbeulten Gitarre die poetischen Lieder, die wie Fado, die melancholischen, sehnsuchtsschwangeren Lieder der Portugiesen, klingen. Es fällt ihr schwer, die Texte zu verstehen, zumal der Rumkonsum des Musikers die Artikulation mehr und mehr lähmt, aber die verständlichen Ausschnitte der Liedgedichte sind berührend.

Das Schweinchen ist gebraten und wird auf dem Küchentisch, im schwach beleuchteten Holzhaus, zerlegt. Die Hunde erhalten ihren Happen und das Küchenteam setzt sich auf Baumstrünke unter Palmen mit Blick in den wolkenlosen Sternenhimmel. Bohnen, Reis, frisch gebratenes Schwein wird von Hand gegessen, Rum aus Plastikbechern getrunken, Teller auf Knien, Becher auf dem Boden.

Myrta ist vor knapp 24 Stunden an diesem Ort angekommen und schon schwemmt sie diese Welt in eine andere zeitlose Wirklichkeit und sie vergisst, was sie hier möchte, wo sie herkommt, was in einer Minute, in einer Stunde oder in einem Tag sein könnte.

In der Stadt

An einem Abend sitzen Myrta und Negrito auf der Terrasse ihrer kleinen Unterkunft und blicken auf das Strassen-Theater. Paare schlendern in spärlich beleuchteten Gassen, er legt seine Hand locker auf ihr Gesäss, sie wippt in stolzer Haltung. Myrta sagt: „Was ich hier sehe, ist nicht die Wahrheit, ich sehe die oberste Schicht, aber davon gibt es viele." Negrito, seine Füsse entspannt auf dem Terrassengeländer aufgestützt, schweigt.

Er erzählt ihr, dass er längere Zeit mit einer älteren Frau zusammen gewesen sei. Das Paar habe einen fünfjährigen Sohn. Sie seien jetzt getrennt.

Später sitzen sie in der zentralen Spelunke, die nie schliesst und in der diskutiert, gespielt und viel getrunken wird. Der Gästefluss versiegt nie. Negrito weist mit dem Blick auf einen Tisch am anderen Eck der Räumlichkeit. „Das ist sie, meine Ex." Kurz danach steht die Frau auf, schwarzgefärbte, lange Haare, fettleibig, eine dominante, selbstbewusste Person, schlendert sie gekonnt gelassen durch den Raum. Er hebt die Hand zum Gruss und sie erwidert in derselben Form. Negrito errötet.

Zwei Tage später spaziert Myrta zu Negritos Haus im entgegengelegenen Quartier der Stadt. Sie findet den Weg nicht und täuscht sich kurz vor der Einbiegung. Ein Junge spielt auf der Strasse und an seiner Seite steht eine Frau. Als sie näherkommt, spricht sie Myrta an. „Das ist der Junge von deinem Liebhaber. Und, wie gefällt dir die Zeit mit ihm?" Die Domina wurde zum Hausmütterchen.

Bevor Myrta abreist, besuchen Negrito und Myrta den ehrlichen Onkel auf dem Land. Er bleibt zurückhaltend, misstrauisch und schweigsam. Negrito erklärt ihr, wie sie den Stall für die Schweine bauen könnten, wo die Hühner Platz hätten und wie sie vorgehen möchten. Es ist ein kleines Unternehmen, nicht etwas, das sie sich ausgesucht hätte, aber ein guter Anfang, um zu sehen, ob hier ein Einkommen erarbeitet werden kann. „Eine Investition in Nahrungsmittelgewinnung kann nicht schlecht sein", denkt sie.

Negrito erhält ein kleines Startkapital. Es muss gerodet werden, der Boden wird zementiert, die Wände werden aus Holz errichtet, ein Blechdach wird gesetzt. Dann benötigen sie noch Abtrennungen und Futtergefässe. Das Wasser werden sie vorläufig vom Fluss herauftragen.

Auf der Heimreise legen sie sich ans Ufer. Negrito nimmt Myrta wortlos an der Hand, führt sie in taillentiefes Wasser und liebt sie heimlich mit wachem Rundblick, denn flussaufwärts spielen Kinder und Frauen waschen ihre Wäsche. Dann taucht er wie ein Nilpferd, langsam mit stets auf sie gerichteten Blick, ab. Er klettert auf die gegenüberliegende Klippe. „Hier sind wir schon immer als Kinder hinuntergesprungen." Er jauchzt in die Tiefe und legt sich anschliessend dösend in den Schatten.

Der Schweinestall

Myrta reist zurück in die schon vertraute Ferne.

Kurz nach der Ankunft besucht sie den Onkel. Kein Stall war zu sehen. Negrito sei nicht hier gewesen. Nein, er habe auch kein Geld erhalten, um Material zu kaufen.

"Ich habe einen Fehler gemacht", so schlicht äussert sie sich bei den Grosseltern. „Negrito hat Geld erhalten." Sie wisse nicht, was er damit gemacht habe. Die Grossmutter antwortet: „Du hast es gut gemeint, aber er ist einfach ein Strassenköter. Da kann man nichts machen."

Negrito gibt nicht locker. Er werde es noch einmal versuchen. Er werde jetzt auf jeden Fall den Stall bauen. Er habe immer noch genug Geld, er werde ihr Vertrauen nicht mehr missbrauchen.

Myrta lebt in einer kleinen, einfachen Wohnung. Der Hinterhof ist Umschlagplatz für alle möglichen Waren. Die Nachbartür wird rege besucht. Dort findet Handel statt.

Bevor sie diese Welt wieder verlässt, besucht sie spontan die Grossmutter. Die Domina-Hausmütterchen-Ex von Negrito unterhält sich mit den Grosseltern. Heute ist sie Bekannte, Freundin, Besuch der Grosseltern, harmlos, aber nicht süss und zahm, wie in der Rolle des Hausmütterchens. Ihre Abneigung gegen Myrta zeigt sie wortlos. Sie hat sich zu sehr aus ihrer Touristinnen-Rolle hinausbewegt. Die Verunsicherung der Grosseltern ist spürbar. Myrta will nicht stören. Sie möchte sich nur kurz mit der Grossmutter in der Küche unterhalten. Die zwei Schritte in die Küche reichen, dass die Ex spurlos verschwindet. „Grossmütterchen, hier noch eine kleine Unterstützung." Sie gibt ihr ein kleines Bündel Noten für das Nötigste. Das Geld verschwindet in den Kochtöpfen, etwa so schnell, wie sich die Ex in Luft aufgelöst hat.

Der Wellenbeobachter, Miraola

Er sitzt angelehnt an ein Steinmäuerchen am dürftigen Strand vom Städtchen. Sein Lebens- und Geschäftsradius spielt sich auf einem Kilometer Sandstrand ab, begrenzt von einem verlotterten Baseball-Stadion, welches am Tag und nachts von einem Wärter wegen Einsturzgefahr bewacht wird, und dem Honigfluss, der zur kleinen Touristenattraktion, dem weissen Strand führt. Im Stadion wird noch gespielt, die Tribüne benutzt, obwohl der Wirbelsturm eine weitere Seitenwand zum Einsturz brachte. Wer den Fuss in den Honigfluss setzt, wird immer wieder dorthin zurückkehren, so erzählt die Orts-Saga.

Eine zerzauste Baseball-Mütze schützt ihn vor der Sonne, eine Plastiklesebrille schärft den Blick für die minutiöse Handarbeit. Die handgelochten Kerne reiht er auf einen gezwirnten Faden und ordnet die Hals- und Handketten an einen Stab, den er bei Geschäftsschluss in ein Tuch einwickelt.

Myrta spricht Miraola an, denn sie möchte einem alten Mann, der am Strand Büchsen und Flaschen sammelt etwas Geld geben. Die alten Menschen erhalten nur eine kleine Rente und ohne zusätzliche Anstrengung können sie kaum überleben. Das Gesammelte wird gegen ein kleines Entgelt abgegeben. „Könntest du mir Geld wechseln, ich möchte dem Mann dort etwas geben." Er reicht ihr ein paar Münzen. „Ich habe auch nicht viel, aber du kannst es mir ja später zurückgeben", antwortet er lächelnd. Sie folgt dem Alten. Er ist erstaunt und freut sich.

So lernen sich Miraola und Myrta kennen und eine, für lokale Verhältnisse, ehrliche Freundschaft beginnt.

Sie sprechen viel über ihre Erfahrungen, auch über Negrito. Er ist vorsichtig und erklärt: „Dieses Land ist eine Lebensschule, du musst noch viel lernen." Wenn sie verwirrt ist, erhält sie ein paar Ratschläge, aber immer mit Rücksicht auf seine Kultur, immer nur in Häppchen, damit er seine Kollegen nicht verrät. Ein sehr schlaues Vorgehen, Eigeninteresse spielt mit, aber warme Anteilnahme und persönliche Verbindung sind spürbar.

Die Tante, die Priesterin

„Miraola, kennst du eine Priesterin? Eine, die hier die religiösen, afrikanischen Rituale kennt und Hilfe anbietet?" Er streicht mit seinem Zeigefinger über den Unterarm, den sichtbaren Venen entlang. „Meine Familie hat es im Blut, aber ich will nichts damit zu tun haben. Meine Tante, die Schwester meines Vaters, ist bekannt und viele Leute besuchen sie, nutzen ihren Rat und ihre Unterstützung. Wenn du möchtest, können wir sie besuchen."

Die Tante lebt im übernächsten Dorf. Seine Familie väterlicherseits wohnt dort. Er ist schon zehn Jahre nicht mehr hingefahren. Myrta mietet ein Motorrad und am nächsten Tag treffen sie sich zum vereinbarten Ausflug. „Wir brauchen eine Kerze, eine Zigarre und Rum. Ich werde das besorgen", sagt er.

„Grossartig, wie toll…!" jauchzt Miraola immer wieder. Die Fahrt gefällt ihm, aber sie ängstigt ihn auch. „Ohh, nicht so schnell, Achtung da kommt eine Kutsche, ohhh, langsam in der Kurve, so toll, so grossartig!" Myrta lacht und denkt, „wie erfrischend, diese kindliche Freude und Spontaneität."

Sie schieben das Motorrad in den Vorgarten des Holzhauses, die Türe ist angelehnt und sie betreten das Wohnzimmer, einen Raum, ungefähr drei auf vier Meter gross, mit ein paar Stühlen, einem Sofa, einem Fernseher. Der Wohnraum öffnet sich in einen Innenhof zu einer einfachen Küche mit Lehmboden, Hühner spazieren frei und picken Körner vom Boden, ein paar Tauben flattern zwischen Gestellen und Kochtöpfen. Der Sohn der Tante sieht sich eine mexikanische Kitschserie an und erklärt ihr begeistert, dass die Schwarze, die jedoch von einer Weissen gespielt wird, eine gute Person sei.

Tante und Miraola haben sich zehn Jahre nicht gesehen, aber die Begrüssung wirkt so alltäglich, als hätten sie sich erst gestern verabschiedet. Die Tante erwähnt mehrmals, dass er immer mehr seinem Vater gleiche, dass sie ihren Bruder so vermisse und dass sie sich freue, Miraola hier zu haben.

Die Tante begrüsst Myrta herzlich, ohne Misstrauen, gelassen und selbstverständlich, obwohl kaum andere Touristen den Weg in dieses verlassene Dorf finden. Sie braucht etwas Zeit, um sich vorzubereiten, Miraola und Myrta erhalten einen frisch gebrühten Kaffee, schauen mit dem Sohn fern und warten. „Jeder Moment hier ist 'grossartig'", denkt Myrta.

Bevor sich die Tante in einen Raum zurückzieht, erwähnt sie noch, dass es gut sei, dass sie so früh erschienen seien, denn die Konsultationen würden normalerweise eine halbe Stunde später beginnen und dann hätten sie sehr wahrscheinlich länger warten müssen.

Miraola wird Myrta mit der Tante alleine lassen. Er möchte sie nicht stören, aber wenn sie etwas nicht verstehe, könne sie ihn rufen. Natürlich wird er ihr helfen müssen, denn die Tante spricht schnell und ihr Wortschatz ist ihr nicht geläufig.

Die Tasche darf nicht auf das Bett gelegt werde, so ist die erste Anweisung der Priesterin. Sie befinden sich in ihrem Schlafzimmer. In einem Ecken steht der Altar mit Jesus, Buddha, San Lazarus und anderen Heiligenfiguren. Mit einem kurzen Blick weist sie Myrta an, sich auf den Stuhl zu ihr zu setzen. Sie zündet Kerze und Zigarre an, nimmt einen Schluck Rum, spuckt ihn auf den Boden, hält ein Glas mit einer Flüssigkeit in der Hand, sehr wahrscheinlich auch Rum, schlägt mit einem Stäbchen an das Glas, bläst den Rauch der Zigarre in das Glas hinein und murmelt unverständliche Worte, beobachtet den Rauch, spuckt wieder auf den Boden und dann richtet sie sich an Myrta. „Die Leute hier gefallen dir gut, du fühlst dich wohl hier, was ist deine Frage?" Sie will etwas über Negrito erfahren. „Er hat ein gutes Herz." Nach einer kleinen Pause, sie hört in die Ferne, ergänzt sie: „Er hat ein schlechtes Umfeld, es gibt keine guten Menschen um ihn herum." „Aber die Grosseltern?" erwidert Myrta. „Die haben nichts mehr zu sagen", entgegnet sie. „Miraola, komm herein!" ruft sie ihren Neffen. „Der Mann arbeitet nicht, oder?" fragt sie ihn. Miraola windet sich, versucht der Frage auszuweichen. „Ich weiss nicht." Die Tante entgegnet: „Er arbeitet nicht, er ist nichts wert."

Miraola notiert sich Anweisungen der Tante auf einen kleinen Zettel. Verschiedene Rituale und Bäder soll Myrta machen, damit sie Glück hat, damit sich ihre Wege öffnen, damit sie ihren Körper stärkt. Miraola schreibt fleissig und verspricht der Tante, dass er Myrta helfen werde. Er soll den Raum wieder verlassen, sie will noch einen Moment mit Myrta alleine sein. „Negrito ist nichts wert, aber wie gefällt dir mein Neffe?" Myrta lächelt.

Als sie das Haus verlassen, warten mehrere Kunden im Wohnbereich. Die tägliche Konsultationsrunde beginnt.

Das Dorf und Miraolas Verwandte

Sie spazieren im Dorf. Cousine, Onkel und weitere Verwandte erwähnen alle die Ähnlichkeit zwischen Miraola und seinem Vater, der vor ein paar Jahren in der Hauptstadt gestorben ist. Seine Mutter hat ihn alleine grossgezogen. Die Cousine wird auch Priesterin werden. Auf der ebenerdigen Veranda eines kleinen Holzhäuschens zeigen sich drei Frauen sehr erfreut, als sie das Paar erblicken. Alle gehen davon aus, dass Myrta seine Geliebte ist. „Kommt herein, begrüsst die Grossmutter." In einem dunklen Raum liegt das alte Mütterchen im Bett. Die Frauen richten sie auf und setzen Myrta zur alten Frau an den Bettrand. Sie halten sich die Hände, Myrta streichelt die spröde Haut. Man redet von vergangenen Zeiten, dass die Zeit so schnell vergehe und dass es schön sei, Besuch zu haben. Ein intimer Raum öffnet sich und Myrta blickt in die geborgene Endlichkeit des Mütterchens.

Am Fluss, der Ochs zieht den Karren durch das seichte Wasser, die Frauen waschen Kleider, versucht Miraola, sie zu berühren. „Du weisst doch, dass ich Negrito in dieser Welt treu sein werde, komme was wolle, ich habe es ihm versprochen." Er akzeptiert und lässt ab.

Der Onkel hat für die Revolution gekämpft. Er trägt die alte grüngraue Uniform mit Hut. Seine schöne, ungefähr zwanzig Jahre jüngere Indiofrau, zwei Hunde, Myrta und Miraola lauschen in der Dämmerung der feuchtwarmen Nacht seinen Kriegsheldentaten. Myrta versteht wenig, denn er spricht aufgeregt und schnell. Aber Worte spielen keine Rolle, sie hört mit den Augen, sieht durch Gerüche, mit einer Ruhe im Herzen, welche sie langsam in dieser Welt entdeckt und die sie mit ihr verbindet.

Auf der Rückreise fällt der Motorrad-Schweinwerfer aus. Sie fahren im Dunkeln zurück in die Stadt. Es regnet und Miraola friert. Er mag den Regen nicht.

Ritual

Miraola besorgt die Pflanzen, welche die Tante für den Reinigungsguss vorgesehen hat. 'Der Wegöffner', 'ich weiss mehr als du' und drei weitere Pflanzen, dessen Namen sie sich nicht merken kann. Myrta setzt diese in einem Wasserbad einen Tag lang an, Parfum und Rum werden dazugegeben, dann wird sie sich drei Tage morgens und abends mit dem Wasser übergiessen.

Am Strand räuchert Miraola ein Ei mit einer Zigarre, streicht ihr mit dem zerbrechlichen Rund den Körper ab. Nach drei Schritten wirft sie. Sie spricht, was ihr aufgetragen wird. „Mit dem Zerbrechen dieses Eis lösen sich alle Verkrampfungen in meinem Geist."

Sie spazieren einen Weg entlang, bei der nächsten Kreuzung soll sie vier Früchte, die er ihr gibt, in alle Wegrichtungen werfen, damit sich die Wege in ihrem Leben öffnen.

Negrito besorgt ihr einen Kuchen. Sie wird der Meeresgöttin ein Opfer bringen. Miraola und Myrta finden einen ruhigen Ort an seinem Arbeitsstrand. Myrta reibt sich den Körper mit dem Süssen ein. Das Meer ist bewegt, aber sie muss ins Wasser, um den Rest des Kuchens zu opfern. „Jetzt!" ruft Miraola, die Wellen haben sich beruhigt. Sie springt in das lauwarme Salzwasser, wäscht sich und der Rest des Kuchens wiegt rhythmisch auf der Wasseroberfläche. Als sie zurück am sicheren Ort ist, nähert sich eine grosse Welle. „Zurück! Schnell zurück!" ruft Miraola. Das Wasser erreicht sie bis zu ihrem sicheren Rückzugsort, züngelt um ihre Beine. In aller Eile konnten sie noch Schuhe und Rucksack retten. Miraola tanzt vor Freude. „Sie hat es geholt, sie hat es geholt!" Er meint die Meeresgöttin.

Du kommst langsam an

Miraolas Mutter ist blind und zuckerkrank. Sie ist Christin. Jede Woche treffen sich Menschen in ihrem Holzhäuschen, singen und beten. Sie ist eine weise Frau, berührt Myrtas Hände und sagt: „Ich sehe dich, auch wenn ich dich nicht sehen kann."

Nach dem fürchterlichen Wirbelsturm, verliert sie den Verstand und stirbt vier Monate später, auch weil in der Stadt kein Insulin mehr aufzufinden ist. Myrta wird mit Miraola das Grab weiss streichen und ein reines, weisses Keramikherz auf ihr Grab legen. „Das wird nicht gestohlen. Es gehört ihr!" sagt sie. Im nächsten Jahr wird Myrta ein farbiges Porzellanherz mitbringen.

Immer wenn sie an diesen Ort zurückkehrt, verbringen Miraola und Myrta viel Zeit zusammen. Sie lernt ihm das Mühlespiel. Als er sie einmal in eine bewegungslose Spiel-situation einsperren kann, übermannt ihn die Freude so sehr, dass er mehrere Minuten singt: „Ich habe sie eingesperrt, sie kann sich nicht mehr bewegen."

Abends sind sie selten zusammen. Er geht nicht gerne ins Zentrum und Myrta trifft sich oft mit Negrito. Aber einmal spazieren sie durch die Innenstadt, treffen auf ein Konzert am Strand und tanzen. Um Mitternacht wird die Stimmung lau. „Lass uns gehen, das macht nicht mehr Spass", sagt sie. Negrito ist aufgetaucht und schaut genervt. Grundlos, er hat sich anders unterhalten. „Was könnten wir noch unter-nehmen?" fragt Myrta. „Wir gehen zu einem jungen Freund und seiner Frau, wir können dort weiter festen." Sie wecken das junge Paar, Myrta zögert, aber Miraola hat keine Zweifel und er hat recht. Sofort wird Musik angestellt und die Vier tanzen bis zum Morgengrauen zwischen Getreidesäcken,

Gänsen, Schwein im Innenhof, Schildkröte im Wasserbecken. Miraola begleitet sie nachhause. Er zeigt auf seine angeschwollenen Venen. „Ich bin heiss." Er nimmt ihre Hand, steckt die Verschränkung in ihre Hosentasche. „Deine Hüfte schwingt schon bald so entspannt, wie die der Frauen hier, du kommst langsam an."

Der andere Priester 'Jabao'

Negrito hat seine eigene spirituelle Welt.

Kann, darf er mit Myrta den Priester besuchen, den sie vor kurzem kennengelernt hat? Miraola hat sie dorthin begleitet und zusammen liessen sie sich beraten.

Negrito windet sich, sucht Ausreden. „Muss das wirklich sein?" „Ich brauche das, ich möchte, dass du hörst, was er zu sagen hat." Der Priester hat ihr beim ersten Besuch versichert, dass Negrito sie liebe, er sie mehr liebe, als sie ihn, und dass sie ihm ihre Liebe nicht entziehen dürfe. Er müsse ihn jedoch noch persönlich sehen, er solle einmal mit ihr zu ihm kommen. Er kommt mit.

Das dürftigen Holzhaus, der schmale Zugang zur Eingangstür ist übersät mit Müll, liegt etwas ausserhalb der Stadt im entgegengesetzten Stadtviertel von Negritos Quartier.

Der kleine Warteraum ist voll besetzt. Sie sitzen auf Holzbänken, in Schaukelstuhl und Holzsesseln. Jabao, ein dünner, sehniger Herr, zwischen fünfzig und sechzig, einmal mehr ist es schwierig, das Alter zu erraten, begrüsst seine Kunden. Ein paar Bücher reihen sich auf dem Gestell an der Wand. Der philosophische Nationalheld darf nicht fehlen. Jabao ist ein gebildeter Mann.

Er erklärt kurz, wie der Ablauf sein wird, das heisst, welche Reihenfolge er in der Beratung vorsieht. Ein kleines Radio dient als Geräuschkulisse, damit die Gespräche, die im Inneren des Häuschens, im Altarraum, stattfinden werden, von den Wartenden nicht gehört werden. Myrta kennt den Ablauf. Jabao wird sich zurückziehen, er wird einen violetten Umhang tragen, diesen mit einer goldenen Kordel zusammenbinden, um den Kopf wickelt er ein rotes Tuch. Im Raum steht ein Altar mit mehreren Heiligenfiguren, eine schwarze Puppe vertritt ‚Francisca', die alte Negerin.

Jaboa wird von der blinden Alten geritten. Sie nennen es reiten, denn Jabao wird nicht mehr der Mann sein, den wir jetzt noch sehen. Er wird in Trance fallen, er wird das Pferd sein, welches die Negerin reitet. Francisca trinkt viel Rum, spricht eine alte Sprache, die für Myrta kaum verständlich ist, sie flucht viel und fordert absoluten Gehorsam. Das letzte Mal, als Myrta weinte, wurde Francisca wütend. „Hier weine nur ich! Ich weine für dich, du brauchst nicht zu weinen." Das war ein Befehl.

Negrito lümmelt muffig im Schaukelstuhl herum und spielt, als wisse er nichts von dieser Welt.

Jabao ist umgezogen und ruft seine Kunden herein, damit sie zusammen beginnen können, damit sie ihn in die Trance begleiten. Es wird gesungen, Lieder, die Francisca einladen, in den Körper von Jabao zu fahren. Im halbdunkeln Raum brennen Kerzen, die Anwesenden drängen sich eng zusammen und wiederholen monoton die Gesänge. Plötzlich krümmt sich Jabao, er zittert einen Moment, fällt fast zu Boden, dann richtet er sich bis in gebückte Haltung auf, er kann nicht mehr aufrecht stehen. Jetzt ist er die alte Negerin. Sie will zuerst einmal einen guten Schluck Rum trinken. Man reicht ihr die Flasche, muss sie ihr in die Hand geben, denn sie sieht nichts, sie ist blind. Sie will einen Stock, ihren Stock und eine Zigarre. Dann blickt sie in die Runde, ohne zu sehen. Sie spürt die anwesenden Personen und fragt nach, wer denn der junge Mann sei, der noch nie hier war. „Aha, du bist der Ficker der Puppe." Sie nennt Myrta Puppe. Nachdem sie alle mit ein paar persönlichen, manchmal auch sehr irritierenden Worten begrüsst hat, verlassen sie den Raum und die ersten Ratsuchenden dürfen bleiben.

Negrito und Myrta sind als Zweite an der Reihe.

Die Luft ist feuchtschwer, die Wartenden schwitzen, ein paar erzählen Alltagsgeschichten, andere schweigen, aus dem Radio tönt ortsübliche Musik, das regelmässige Schwingen des Holzschaukelstuhls rhythmisiert den Raum. Negrito und Myrta sprechen nicht.

Der Vorhang öffnet sich. Die ersten Besucher verlassen den Altarraum. Myrta und Negrito nicken sich zu.

Sie setzen sich vor Francisca auf zwei Holzstühle. Die Alte nippt am Brand und richtet sich dann an Negrito. „Du hast ein schlechtes Umfeld. Ich sehe deine Grossmutter, die vor kurzem gestorben ist. Die Puppe an deiner Seite ist die Einzige, der du vertrauen kannst, ihr kannst du alles erzählen."

Dann holt sie aus und klatscht ihm eine schallende Ohrfeige. Myrta schaut Negrito erstaunt an und fürchtet, dass er aus der Haut fahren wird, aber er bewahrt stoische Ruhe, reagiert nicht. „Hier, diese Ohrfeige erhältst du, weil du sie schlecht behandelst und wenn du sie noch einmal kränkst, gebe ich dir die Nächste auf die andere Seite."

Francisca nimmt zwei Kerne vom Altar, magische Fruchtzentren, die sie mit Rum bespuckt und mit Zigarrenqualm einräuchert. Negrito und sie erhalten je eine davon. „Dies sind eure Partnerschaftskräfte, ihr müsst diese immer bei euch tragen. Wenn ihr euch trennt, sollen sie zu mir zurückkehren, wenn ihr heiratet, erwarte ich euch wieder hier bei mir." Kurz spricht Francisca die Heiligen an, die uns beschützen werden, dann schickt sie Negrito hinaus. „Ich musste ihn sehen", sagt sie zu Myrta, „er hat ein gutes Herz, das habe ich gesehen."

Myrta verlässt den heiligen Bereich. Negrito und sie spazieren zurück in die Stadt. Er hat keine Zeit, muss zurück in sein Quartier. Sie wollen sich abends wieder treffen. Myrta ist gespannt, wie die Begegnung nach dieser Erfahrung sein wird.

Aber ein paar Stunden später zeigt er sein altes Gesicht. Er wird offensichtlich nicht klar, wie er sich verhalten soll. Myrta wendet sich ab, setzt sich wütend und traurig auf die Brandmauer. „Fall nicht ins Meer, sonst habe ich ein Problem mit dem Fruchtkern", sagt er und fährt mit dem Fahrrad davon.

Francisca die Schwarze

Myrta will den Kern zurückbringen.

Francisca wird heute eine Frau heilen, die am Knie verletzt ist. Sie will, dass Myrta zusieht. Das Knie wird mit einem spitzen Gegenstand bearbeitet. Es fliesst kein Blut, aber die Operation wird Wirkung zeigen, so Francisca.

Ein junger Mann versucht seine Gefängnisstrafe abzuwenden. Francisca umwedelt seinen ganzen Oberkörper mit einer Taube. Als sie merkt, dass Myrta die Opfergabe vorausahnt und sich abwendet, erwidert Francisca, dass diese Taube nicht geopfert werde. Der Mann wird sie nach dem Ritual am Strand in Sand eingraben. „Hoffentlich nicht zu tief", denkt Myrta. Die Alte will ihr Wurfschwert zur Hand haben. Wenn es in der Wand stecken bleibt, wird er freigesprochen. Sie wirft mit Elan und fokussierter Kraft. Die Spitze des Schwertes versenkt sich in die Holzwand. Der Griff zittert heftig.

Aber das Ritual wird die Justiz nicht beeinflussen. Der Mann muss neun Monate hinter Gitter.

Myrta sitzt nun alleine mit der Alten und erzählt ihr, dass sie den Fruchtkern wieder zurückgeben muss. Negrito und sie, das funktioniere wirklich nicht. „Behalte den Kern, er wird dir Glück bringen. "

Domina

Der letzte Tag in der Ferne.

Myrta flaniert durch die Strassen. Sie will am vertrauten Stadtstrand Sonne tanken. Sie spürt, dass sie nicht mehr zurückkehren wird. Jeder Moment ist kostbar und sie lässt Jahre und Erfahrungen als inneren Film vorbeiziehen.

In der Dämmerung schlendert Myrta durch die Strassen des vertrauten Ortes. Eine in Rot gekleidete Person kommt ihr entgegen. Die Domina fasst ihren Sohn um die Schulter und als Paar gondeln sie im Gleichschritt Myrta entgegen. Kurz bevor sie sich kreuzen, schaut der Knabe sie an und ein Erkennen blitzt in seinen Augen auf.

Vor zwei Jahren luden Negrito und Myrta den Kleinen zu einer Pizza ein. Vater und Sohn fassten sich ähnlich an den Schultern, wie jetzt Mutter und Kind. Negrito, ungeschickt und unbeholfen, versuchte das Hemd des Kindes korrekt zuzuknöpfen. Myrta half. Sie sassen in der zentralen Spelunke und Negrito meinte damals zum Sohn: „Du musst die Gasse kennenlernen, das ist die richtige Lebensschule." Der Junge, immer etwas kränklich und verschnupft, hing in seinem Stuhl und kaute an einem Stück Flachkuchen.

Nachdem Myrta das sonderbare Paar gekreuzt hat, spaziert sie ungefähr zwanzig Meter weiter, dreht sich dann spontan um. Die beiden, die Rote und das Kind, tun das Gleiche, stehen und blicken erstaunt und feindselig. Die Szene wiederholt sich noch einmal nach ähnlicher Distanz. Die fette Domina, geschwärztes langes Haar, enge synthetische Leggings, weites T-Shirt, alles in Rot, ist mächtig, manipulativ und durchtrieben.

Am Abend trifft Myrta Negrito noch ein letztes Mal. Er ist angetrunken, impulsiv und nervös. Nachdem sie sich in den letzten Tagen ignoriert haben, alle seine Freunde behandelten sie wie einen Geist, sie war für niemanden mehr sichtbar, beschliesst er, sie doch noch einmal anzuschauen.

Sie spazieren entlang der Brandmauer und Myrta fragt Negrito: „Wie gefällt dir Jabao, was hältst du von ihm?" „Die Ex ist die Mächtigste." Myrta weiss bestens, dass die Geschichte mit der Ex, der Domina, nicht vorbei ist. „Von wem lässt sie sich reiten?" fragt Myrta harmlos, bemerkt aber sofort, dass sich Negrito am liebsten die Zunge abbeissen möchte. Hätte er doch nur nichts gesagt. „Von irgendeinem Toten", antwortet er schnoddrig.

Sie trennen sich und Myrta beschliesst, ihn von nun an 'Leon', Löwe, zu nennen. Mit diesem Namen soll er ihr Herz tätowieren.

Die Heimat

Trennung

„Ich gehe."

„Ich weiss."

„Du bist traurig."

„Ja."

„Wir sind uns doch einig? Wir wissen, dass das so sein muss?"

„Ja. Aber ich habe Angst. Ich vermisse dich schon jetzt."

„Meine liebe Schwester, wir leben mit zwei Seelen in einer Brust, bald haben wir zwei Körper und unsere Seelen werden sich vereinen."

„Aber werde ich dich wiedersehen?"

„Nein. Das weisst du."

„Wie soll ich ohne dich leben? Ich kann nicht ohne dich sein."

„Ach mein europäisch zweifelndes Kinderherzchen! Vergiss diese Gedanken, vergiss die Zweifel. Ich bin immer bei dir! Und du wirst mich begleiten, denn ich brauche dich!"

„Aber wie? Wo wirst du sein? Wie werde ich von dir hören?"

Sie sagt nichts. Die Stille dringt gütig in das zweifelnde Gemüt, Myrta schläft ein. Der sanfte Traum der Erlösung und Verbindung schwingt sich in die ruhenden Zellen.

Als Myrta aufwacht ist Yelaina fort.

Am Grab der Grossmutter

Yelaina klopft mit flacher Hand auf die Grabsteinplatte des Massengrabs. „Grossmutter, Grossmutter, bis du noch da? Hörst du mich?"

„Ay meine Tochter, bist du es? Was machst denn du hier?"

Yelaina ist froh, dass sich die Grossmutter erinnert, was eigentlich voraussehbar war. Die zähe Alte war ja auch im hohen Alter wach im Geist, flink wie ein Wiesel oder schneller, wenn es ein kleines Geschäft zu erledigen gab oder so, wie sie das Geld in Schürzentasche und Kochtöpfe verschwinden liess.

„Aber Tochter, wie siehst du denn aus?" und sie lacht ihr listiges, krächzendes Grossmutter-Gelächter, nur jetzt viel lauter und durchdringender. „Oh, hübsch und keck siehst du aus, einen richtigen Knackhintern hast du! Also als Mulattin bist du zurückgekehrt? Na, da werden sie staunen, die Leute. Hahahahahaha!"

So schön, dass das Grossmütterchen Yelaina immer als Tochter anspricht. Man ist hier oft Tochter, Geliebte, Schöne, eine kleine Wortliebkosung eröffnet das Gespräch

„Wohl kaum, ich meine das Staunen, sie werden mich ja nicht erkennen."

„Du solltest uns doch langsam kennen, wir schauen nicht nur mit den Augen. Sie werden irritiert sein, auch wenn sie nicht wissen weshalb. Ein Wort, eine Bewegung, ein Seufzer und dann ahnen sie, aber verstehen werden sie es nicht."

„Ach Grossmutter, es freut mich so sehr, dass du mit mir sprichst. Ich dachte schon, sie hätten deine Knochen eingesammelt und in einem kleinen Platz verstaut, irgendwo in dieser Wand da hinten."

„Tochter, du weisst doch, dass die mich nicht so schnell loswerden. Na, sie haben es versucht nach zwei Jahren, wie man das hier so macht. Aber mein Fleisch verwest nicht, Hahahaha! Ich muss noch eine Weile zum Rechten schauen und warte auch auf meinen kleinen Alten. Wir sollten doch zusammen weiterziehen, aber der hat noch zu tun, muss auf den kleinen Bengel-Enkel aufpassen. So ein Kerlchen, kann einem schon leidtun, das Froschgesicht. Wenn der Vater nicht von der Tochter lassen kann… Ach diese Männer, immer den Hahn zuvorderst."

„Ja, meine Liebe, das hat mich irritiert und Leon errötete sogar, als ich ihn danach fragte. Aber so ist halt das Leben."

„Genau, so ist halt das Leben, das tönt schon besser, jetzt kommst du langsam wieder an."

„Was treibst du noch so, Grossmütterchen?"

„Ich muss schauen, dass die Leute nicht schlecht über mich reden, sonst ziehe ich sie in der Nacht an den Zehen. Das macht Eindruck, dann wird es still. Haha! Und wer mich immer noch mag, den beschütze ich, das ist ja klar. Also werde ich auch dich begleiten. Aber komm wieder, ich will erfahren, was du dieses Mal so treibst und schliess dich nicht wieder aus deinem Zimmer aus. Ich kann dich ja nicht mehr in unser Häuschen reinlassen. Da bist du wirklich wie vom Mond gefallen, mitten in der Nacht vor unserem Häuschen gestanden. Ach das war schön, dann konnte ich dich so richtig gut verwöhnen."

„Ja, ja Grossmutter, die ganze Nacht hast du nach mir geschaut, den Ventilator immer neu ausgerichtet und überprüft, ob ich wohl wirklich schlafe, was ich natürlich nicht tat. Aber erzähl mir noch, was Leon so treibt."

„Der Strassenköter? Was denkst du wohl? Auf der Gasse treibt er sich herum, pirscht sich an Touristinnen und Touristen an, hier ein Geldstück, dort ein Geldstück, dort ein Sexspiel, hier einen Angelhaken in ein weiches Touristenherz gesetzt.... Du weisst ja. Er will weg, keine Möglichkeit, ihn zu bremsen. Wird wohl sein Schicksal sein. Ayayay, hab dir doch erzählt, dass mein Herz das nicht mehr lange mitmacht, immer diese Unruhe. Am Schluss war es dann die Geburt des Fröschleins, welches mein Herz platzen liess."

„Ach, Grossmutter, das Leben ist verrückt."

„So ist es, meine Tochter."

„So ich geh jetzt, bis bald!"

„Pass auf dich auf, meine Liebe!"

Aus der Ferne hört Yelaina noch lange das heitere Lachen der Grossmutter und sie erinnert sich, wie sie damals schamlos die WC-Tür aufschob, als Myrta über der Schüssel kauerte. Ein farbenfrohes Tuch drapierte das schlohweisse Haar, blaues, baumwollenes Spitzennachthemd zeichnete vage die Formen des alten Körper, kräftige, dunkle Füsse schlurften in den billigen Latschen, so sprang sie der Schalk der listigen Alten durch den Türspalt an.

Himalaya-Birke

Myrta betrachtet das Lichtspiel auf ihren geschlossenen Augenlidern, spürt den feuchten Tau im Nacken und den kühlen, harten Boden, auf dem sie allmählich und zögerlich aufwacht. Eine Wurzelaufwölbung schmerzt die Wirbelsäule.

Der Amselgesang auf dem Weihnachtsstern, der jahrein, jahraus die Liniensilhouette des Hausgiebels durchbricht und an die besinnlichen Tage mahnen soll, ist ihr vertraut.

Die Gesangskünstlerin ist schon einmal gestorben, sie lag in ihrem Garten neben dem Hibiskus-Strauch. Myrta war traurig. Die Amsel war ihre Morgenfreundin, ihr Einklang in den Tag, ihre Begleitmusik in der Gartenarbeit, sie gehörten zusammen. Dann war sie tot.

Ein Jahr später kam die Amsel wieder und sang ein Lied der Vergänglichkeit und Wiedergeburt.

Musik im Garten wurde nicht geduldet, der Nachbar spielt in einem Symphonieorchester und wünscht keine Musikeindrücke in seiner Freizeit.

„Geh doch hinein", erwiderte Myrta garstig, " kannst dir ja gleich den Sargnagel schmieden." „Das war wohl etwas zu grob", dachte sie, „aber manchmal sind diese Dörfler einfach nervig!"

Die Dorfheimat in der Grenzregion war ihr trotz der individuellen Hoheit der Einfamilienhauseigentümer heilig. Die Familie hat viel selber gebaut, Myrta kennt jede Pflanze im Garten, ihre Pferde weideten zeitweise vor ihrem Küchenfenster, ihre Katzen hatten Jagd-, Spiel- und Kletterzonen ohne Einschränkung.

Die drei Kinder rollten zusammen im Regenfass den Kirschbaumhain hinunter, zogen den kleinen Bruder im Plastikeinkaufskorb am Feuerwehrseil zwischen Baumstämmen in die Höhe, ein Fahrradhelm sollte ihn bei einem Absturz schützen. Das Grenznahe Biotop erklärten sie zur Naturbadepfütze. Die hohen Felsen bei der Flüh waren ihr gefährlicher Kletterpark, kurze Kinderbeine baumelten über dem Abgrund. Das kindliche Selbstvertrauen schützte sie.

Die fachlich schwache Dorfschule, Kinder von der ersten bis zur fünften Klasse drückten die Schulbänke in einem einzigen Schulzimmer, forderte ihre Selbständigkeit und ihr soziales Miteinander. Eine Welt fern der hiesigen Perfektion, eine Welt an der Grenze, eine Oase der Widersprüche und Freiheit.

Myrta öffnet die Augen und beobachtet ruhig das Lichtspiel in den hellgrünen Birkenblättern. Die weisse Rinde blättert bei diesem Baum, der fern seiner Heimat in ihrem Garten Schutz vor der Sonne und Geborgenheit anbietet. Die dünnen Hautrollen dienten im anderen Kontinent als Schreibpapier. Ihr Leben, das von Myrta und ihrer Familie, hat sich in die Fasern des würdigen Baums eingelesen. Mit jedem Ausdehnen in Höhe und Breite bot er mehr Erinnerungsspeicher an. Er ist ausgewachsen, wird bald in der Höhe gekappt, denn sonst würde das Haus bedroht. Myrta wird es nicht tun. Sie wird den Ort verlassen haben.

Die Batterie

die Batterie ist entladen
der erfolglose Automonteur
mit Herzschrittmacher und Magenband
hilft

seine Frau ist nuttig
der Sohn kann keine Frauen lieben
er ist eine Frau

die Eltern sorgen sich um ihn
haben Mühe
diese Entscheidung zu akzeptieren
schenken ihm eine Wohnung im Haus
damit er abgesichert ist

der Automonteur
lädt Myrtas Batterie
und sie unterhalten sich

die Frau ist ausgezogen
und wäscht einmal in der Woche die Wäsche
und bereitet seine Medikamente vor
und mehr
sie ist Krankenschwester

der Sohn ist Krankenpfleger
Mutter und Sohn arbeiten
im selben Altersheim
sie können sich die Schicht abtauschen
es macht das Arbeiten einfacher

der Monteur bleibt im Haus
mit der Wohnung
die schon bald dem Sohn gehört

ihre Batterie ist geladen
Myrta darf ihn immer anrufen
wenn sie Hilfe braucht
denn hier im Dorf
sind wir für einander da

Der andere Körper

Die feuchte Hitze klebt an ihrer Haut. Yelaina rekelt sich in den klammen, dünnen Laken. Der Hahn im Hinterhof kräht, das Schwein im Verschlag grunzt, Zeit für Nahrung. Die Hähne singen die ganze Nacht, man nennt sie Sing-Hähne. Die Hausmastschweinchen sind immer in kleine Verschläge eingesperrt und wenn sie nicht gefüttert werden, stimmen sie in die Nachtgesänge ein, ein Kanon von Hähnen, rhythmisch kommunizierendem Hundegebell über weite Distanz und hungrigen Schweinchen. Wellenrauschen spielt den Basso Continuo in dieser schwülen Nachtkantate.

Das schmale dreistöckige Haus liegt östlich des Touristenzentrums in einem unattraktiven Quartier. In der kleinen Bucht treibt ein verrostetes Schiff seit Jahren, die Fischverarbeitungsfabrik düngt die Meeresluft. Westlich mündet ein kleiner Fluss in die salzige Tiefe und die Strasse führt in Richtung Naturschutzgebiet. Östlich thront das bekannte Hotel, ein Architekturversehen, welches die älteste Stadt der Insel dominiert.

Welch entspannte Kraft dieser Körper anbietet. Jetzt muss sie nur noch lernen, wie sich diese Hüfte schwingen lässt, der Schritt geruhsam von Fuss zu Fuss pendelt, der Kopf frei über Nacken und Schultern balanciert. Sie schläft im dritten Stockwerk, überblickt die Bucht und sieht in der Ferne den eindrücklichen Tafelberg. Im Zimmereck steht eine Kommode. Darauf liegen eine Haarbürste und ein paar Schmuckstücke, in den Schubladen findet sie Kleider und Bettwäsche. Sie bürstet ihre langen, schwarzen Haare und betrachtet sich im Spiegel, der über der Kommode an der Wand hängt. Sie ist sich fremd und trotzdem vertraut. Seltsam, sie hat sich noch nie so gesehen und doch sind ihr die dunklen Augen, die vollen

Lippen, die braune Haut, die grossen Brüste, der satte Hintern und die starken Beine bekannt.

Die Hausbesitzer sind eine Weile zu Verwandten aufs Land gezogen, haben den Nachbarn ihre Cousine aus der Hauptstadt angekündigt, eine gute finanzielle Unterstützung für dieses kleine Geschäft und die Verschwiegenheit erhalten.

Man weiss nie, was in dieser magischen Welt geschieht. Die Leute kennen das und billigen, dass man besser nicht hinterfragt. Auch Yelaina lässt es passieren, fühlt sich geborgen und geschützt, weiss, dass sie diesen Weg annehmen darf. Sie gibt sich den Mächten hin, die sie begleiten.

Zuhause

Myrta hört die Amsel. Es ist morgen. Ein Lichtstrahl dringt durch die kreisrunde Öffnung der Holzfensterläden, die sich aufschieben lassen. Oft klemmen sie, aber Myrta hat sich daran gewöhnt, dass sie manchmal auf den Fenstersims steigen und die Läden wieder einhängen muss, damit sie sich bewegen. Das Haus ist schlicht, architektonisch durchdacht und offen, die Details zum Teil nachlässig gestaltet.

Ihr Körper schmerzt, zumindest der Teil, der noch spürbar ist. Die Knie hat sie gestern auf dem Dach gelassen, als sie die Ziegel mit einer Stahlbürste schrubbte, Rückenwirbel sind im Keller geblieben, sie hat Möbel von einem Abteil zum anderen verschoben. Am Tag zuvor liess sie ihre Arme an den Farbstangen hängen. So versucht sie jeden Morgen, ihre Körperteile wieder einzusammeln und sich dann verwirrt und arbeitsverkatert aus dem Bett zu schleppen.

Noch kein Ende in Sicht. Das Haus oder beide Hausteile werden zum Verkauf angeboten. Sie muss neue Wege gehen, denn die Arbeitswelt und das sichere Einkommen sind in die Vergangenheit gerückt.

Sie liebt diese Heimat, die sie über Jahre aufgebaut, die ihr und ihrer Familie viel Geborgenheit und Freiheit ermöglicht hat. Die Weitsicht in alle Himmelsrichtungen klingt wie Ferienharmonie und die Naturspektakel mit Gewitterankündigung und Blitzfeuerwerk ersetzen jedes Kino und künstliche Unterhaltung. Sie sassen oft auf der kleinen Terrasse im Hauseingang und beobachteten, wie sich die Lichtverhältnisse veränderten, die Wolken dahinzogen, immer von West nach Ost. Wildschweinherden preschten den Hang hinunter, Füchse und Rehe sagten sich gute Nacht. Eine

Bilderbuchheimat mit vielen Familienfesten, Besuch von Freunden und Geliebten.

Jetzt ist sie alleine. Alle sind ausgezogen und die vertrauten Wände und Räume sollen gereinigt werden, damit neue Besitzer diese Heimat wieder frisch und mit ihren Wünschen und Träumen bewohnen können.

Noch sortiert Myrta ihre Körperteile. „Yelaine, hilf mir! Wo bist du? Die Einsamkeit erdrückt mich." „Meine Liebe, ich komme an, bin bei dir und hier. Sorg dich nicht! Wir tun, was wir tun müssen. Mein Weg soll dir Kraft geben!"

Langsam rollt sich Myrta zur Seite, setzt sich an die Bettkante und verweilt einen Moment. Die Worte von Yelaine schwingen sich ein. „Mach's gut meine Treue! Und danke."

Flüstern der Birkenblätter

Flüstern der Birkenblätter
Traktorenmotor in Arbeitswut
Kirchturmglocken nah und fern
Zirpen der Grillen
monotones Zwitschern der Meisen
ein Flugzeugdröhnen singt Sehnsucht

der Wind fegt
durch den grossblättrigen Haselnussbaum
bewegte Stille

dann fällt das ermüdete Blatt
trocken auf den Holzstuhl

Seiltänzerin

Myrta balanciert in Höhen, die sich in Meter und Maß nicht definieren lassen. Das Zentrum schwingt mit der dünnen Auflagefläche, jede Windböe lässt sie stocken. Schritt um Schritt tastet sie sich vorwärts, keinen Blick in die Tiefe, die sie magnetisch anzieht.

In der Ferne hört sie die liebevolle Stimme ihrer Freundin: „Komm, du schaffst das, komm!"

Unten stockt der Atem der erwachsenen Kinder. Die Mutter in dieser Höhe, das darf nicht sein. Sie soll sich wieder auf sicherem Boden bewegen, mit ihnen durch Schlamm und Humus stapfen.

Aus weiter Ferne, hört sie Leons Lied von Kraft, Mut und Sehnsucht nach Neuem.

In der Angstnacht schnurren die Katzen Geborgenheit in ihre Rippen und die Bewegung auf den Pferderücken entspannt, lässt Muskeln, Wirbelsäule tanzen.

Sie sieht das Ende des Seils nicht, kann nicht erkennen, wann und ob sie wieder einmal am Meeresufer im Sand spazieren wird, die rhythmischen Wellen ihre Füsse streicheln werden, sie spielerisch den Halt aushebeln und sich in das kühle Nass fallen lassen darf. Tauchen wie ein Delphin, zurück zu einer kurzen Schwerelosigkeit.

Kein Ende, kein Anfang, ein Moment der Balance, immer neu, immer gleich, immer anders, unergründlich, unverständlich.

„Ich sollte nicht stürzen, noch nicht, der Moment ist nicht richtig."

Theaterkulissen

Yelaina spaziert in den schwach beleuchteten Strassen der bekannten Stadt. Die Leuchtkegel zeigen Ausschnitte eines Lebens, wie in einer Theaterkulisse. Leute drängen sich vor Hauseingängen und schauen zusammen die beliebten brasilianischen oder mexikanischen Kitschserien an, lachen, seufzen synchron, ein dezentrales und doch gemeinsames Strassenkino. Ein Velotaxi lädt sie zum Mitfahren ein. Yelaina verneint mit einem kaum sichtbaren Kopfschütteln. Kleinste Gesten werden gelesen. Wäre sie eine Touristin, müsste sie sich bestimmter ausdrücken.

In einer Hauseinbuchtung räumt soeben der bekannte Velomechaniker seine Geräte zusammen. „Wurde spät heute? Gutes Geschäft?" fragt Yelaina. Er schaut sie erstaunt an, will sie ansprechen, aber sie ist schon weiterspaziert und er schaut ihr erstaunt nach. „Wer ist denn diese Hübsche?" hört sie ihn denken.

„Ach so?", bemerkt Yelaina, „ich kann ihre Gedanken hören." Sie lächelt.

Die Kurzgeschichte mit dem Velomechaniker spielt sich in ihrer Erinnerung ab. Seine Frau folgte ihm damals und als sie durch die halbdunklen Gassen spazierten, Myrta, Mann, Frau und Kind, synchron, Frau und Kind als Schatten, Mann und Myrta in gehemmtem Gespräch, sprach Myrta das seltsame Quartett an: „Spazieren wir hier zu viert?" Die Frau wurde laut:
"Ich wusste doch, dass du wieder mit einer Touristin abgemacht hast." Er wollte sich verteidigen, aber Myrta umarmte die Frau. „Du hast vollkommen recht." Sie kehrte und entfernte sich vom streitenden Paar. Eigentlich hatten sie auf ein Bier abgemacht, aber als der Mann bemerkte, dass er nicht

alleine war, schlug er einen Spaziergang fern des Zentrums vor. Verständlich und doch seltsam, wie sich der gemeinsame Weg mit stummen Begleitern in die Länge zog. Jeder Richtungswechsel erfolgte schweigend. Die schwache Beleuchtung zeichnete ein wechselndes Lichtspiel auf die ernsten Gesichter von Frau und Kind.

Das wird Yelaina jetzt nicht mehr passieren, ihr Körper wird sie schützen. Sie kann sich frei bewegen.

Gemächlich nähert sie sich dem Zentrum, dem Platz der Jäger und Sammler, der Touristenreiter, wie man sie nennt. Vor dem Eingangstor kauft sie noch ein Getränk, hier ist es günstig, und dann betritt sie die Rammel-Strasse.

Vor jedem Restaurant Anwerber, die zum teuren Verweilen in den Lokalitäten einladen. Alles für den touristischen Geschmack konfektioniert. Eigentlich hat sie als lokale Frau hier nicht viel zu suchen, aber das kümmert sie nicht. Sie wird genauso selbstverständlich herumpendeln, wie die Jäger. Ganz ruhig ist sie nicht, hier wird ihre Gelassenheit auf die Probe gestellt, könnte doch Leon auftauchen.

Da sieht sie ihn schon von weitem, natürlich in Gewinnerpose, Herr der Strasse, auf der Treppe des zentralen Lokals sitzend. Er beobachtet die vorbeiziehenden Touristen gelassen, aber hellwach. Passt jemand in sein Beuteschema, wird er flink zum Wolf im Schafspelz.

Yelaina lächelt in ihrem Herzen. „Ein kleiner Schurke, so ein Schlitzohr, er wird es schaffen, er wird von hier verschwinden, irgendwann."

Sie nähert sich dem Geschehen und spürt, dass er sie beobachtet. „Wer ist denn das, die kenne ich nicht?" hört sie ihn denken. Sie schlendert gemütlich über den Platz. Sein Blick brennt auf ihrem Busen. Wendig springt er auf und nähert sich. „Hey Schöne, was machst du hier?" Nur kurz, ohne das Tempo zu verlangsamen, dreht Yelaina ihren Kopf, gerade so, dass sie ihm ruhig in die Augen blicken kann, schenkt ihm ein kaum sichtbares Lächeln, spaziert mit entspanntem Becken, hohem Haupt und ohne zu zögern weiter.

„Der Körper hilft, Ruhe zu bewahren!" denkt sie. Er: „Kenn ich sie? Oder kenn ich sie nicht?" Er ruft: „Kommst du morgen wieder, ich lade dich zu einem Bier ein?"

Yelaina reagiert nicht, lächelt nun auch auf den Lippen, denn er kann es nicht mehr sehen.

Maklerin

Siegesbewusst verlässt der jungdynamische Makler Myrtas Zuhause. Er hat ihr Vieles versprochen, sogar einen Arbeitsplatz. Myrta schmunzelt, aber trotz der aufdringlichen Schlauheit war es das beste Angebot, welches sie bis jetzt erhalten hat. Die anderen drei Verkäufer, die sie eingeladen hat, waren enttäuschend schlecht, kannten nicht einmal die Konkurrenzangebote und schätzten die Situation der Häuser undifferenziert ein.

Zuvor versuchte sie es alleine und hat Flyers an verschiedenen Orten aufgelegt. Aber schon bald merkte sie, dass dies ein schwieriges Vorhaben sein würde.

Kaum verlässt der Jungdynamische das Haus, erhält sie einen Anruf von einer Frau. Sie hat die Flyer gesehen. „Ich kann Ihnen beim Verkauf helfen, wenn sie möchten." „Jetzt habe ich schon fast einem Makler zugesagt, aber wenn Sie Zeit haben, können Sie gerne vorbeikommen." „Super, geht es Ihnen heute noch?" „Klar, ich bin Zuhause, gerne."

Eine blondierte, junge Frau erscheint im Türrahmen. Myrta ist etwas erstaunt, sie hatte sich eine Frau Mitte vierzig vorgestellt, aber die Maklerin ist kaum dreissig.

Sie setzen sich unter die Birken im Garten und trinken einen Pfefferminztee. Schnell vergisst Myrta das jugendliche Alter der Frau. Sie ist kompetent, ausgebildet, unternehmerisch und natürlich.

Nach zwei Stunden sagt die Maklerin, sie waren schon per Du: „Weisst du Myrta, ich glaube, du wirst das ganze Haus, das heisst beide Hausteile verkaufen müssen. Es ist eine Einheit."

Myrta weint. Sie weiss es eigentlich, hat den zweiten Hausteil genau auch aus diesem Grund gekauft. „Beides zusammen wird sich leichter verkaufen lassen, wenn das einmal nötig sein sollte", dachte sie damals vor mehreren Jahren. Aber jetzt? Sie möchte nicht weg und trotzdem versteht sie das Argument der Maklerin bestens.

„Wir können beide Varianten inserieren, einen Hausteil und das ganze Objekt, und werden sehen, was sich ergibt. Gut so?" Sie handelt emphatisch, auch souverän, und genau so wird sie das Geschäft anstossen. Sie wird schöne Fotos aus der Luft mit Drohnen machen, in den Innenräumen ohne Weitwinkelverzerrung. Die Beschreibung wird ehrlich und informativ sein.

Myrta: „Du hast den Auftrag!" Die Maklerin ist erstaunt, dass Myrta schnell und spontan entscheidet. Aber so sie, wenn etwas überzeugt, gibt es keine Zweifel. Diese junge Frau war die einzige, die die Situation der Immobilie erfasst hat.

Sie werden ein gutes Team sein.

Wenn Interessenten erscheinen, legt sich Myrta unter den Nussbaum ungefähr hundert Meter entfernt. Manchmal beobachtet sie das Geschehen, manchmal döst sie vor sich hin und lässt Wellen der Trauer durch ihre Brust schwingen. Sie darf sich nicht wehren, das wäre noch schmerzhafter.

Manchmal sagt die Maklerin: „Die hättest du nach zehn Minuten wieder weggeschickt, unerträglich." „Dann erhalten sie es auch nicht", so Myrta. Sie weiss, dass es klappen wird und dass die richtigen Leute kommen, die diesen Ort wieder schätzen und geniessen werden.

Am Ende sind es zwei junge Paare, die ihren Traum verwirklichen möchten. Sie tun es. Es werden Kinder im

Garten spielen, es werden neue Fruchtbäume gepflanzt, es werden Feste gefeiert. Der Ort wird genutzt und belebt, wie Myrta und ihre Familie es viele Jahre taten. Kein besseres Zuhause für junge Menschen und Familien.

Die Maklerin hilft und macht ihr Mut. „Es ist richtig so, du wirst schon bald einverstanden sein, dass du weggehen musst. Glaub mir."

Es wird dauern. Einverstanden ist sie, ein Schmerz von Heimatlosigkeit wird bleiben.

Der Schmerz häutet sich

der Schmerz häutet sich
mich
Körperkraft zerfliesst
befreit
den Wahn
aussen zu glänzen
bewegte Muskeln
lösen die Spannung
gespeicherte Erinnerung
Freude, Schmerz
in wiegende Hüften
auf dem Pferdekörper
sinken in den Augenblick
weiche, empfindsame,
jungfräuliche Haut
wird von zartem Vogelgezwitschern
berührt
der edle Buntspecht
schwingt sich
dem geborgenen Grün entgegen

Unsichtbar

Yelaina spaziert weiter durch die bekannten Strassen der fernen Heimat. Das Lächeln im Herzen und auf den Lippen. „Was haben wir uns angetan, was haben wir uns gegeben, kleiner Leon."

Die Leute reagieren nicht mehr auf sie, kein Hallo, keine Blicke. Yelaina ist erstaunt und stellt sich an einen Tisch auf dem Gehsteig und beobachtet zwei Männer, die Domino spielen. Keine Reaktion. Sie tritt noch näher. Aber die Männer reagieren nicht. Sie nehmen sie nicht wahr. „Na so etwas Verrücktes!" denkt Yelaina. „Wenn ich verliere, schulde ich ihm schon wieder Geld, das darf nicht sein", denkt der eine. Der andere: „Das sieht super aus, da kann ich mir bald einen Rum leisten heute Abend."

„Das nutze ich aus, wenn ich nicht gesehen werde, kann ich zum Grossvater gehen, mich wieder einmal auf das harte Sofa setzen und die langfädigen Monologe vom Präsidenten anhören. Ach nein, der ist ja gestorben, aber sie werden ihn sicher noch Jahrzehnte am Fernsehen ausstrahlen", denkt Yelaina.

Sie nähert sich dem vertrauten Quartier. Schon sieht sie die kleine Steigung zur Häusergruppe. Es ist dunkel, aber sie erkennt die Jungs, Leons Freunde, die erheitert auf die andere Strassenseite schauen. Ein Fest, ein Fünfzehnter einer jungen Frau im Prinzessinnenkleid. Yelaina setzt sich auf die Böschung in die Nähe der Burschen und taucht in das kleine Spektakel ein. Es wird aufgetischt, Leckeres und Rum. Die grossen Lautsprecher dröhnen Lokalmusik. Es wird getanzt und gelacht. Ein dürrer, älterer Mann nutzt die Gelegenheit und zeigt seine Leidenschaft und Hingabe an eine Frau vor dem Haus, geht in die Knie, wippt sein Becken in Rücklage und verdreht die Augen vor Wollust. Alle kreischen und johlen. Kurz danach schiebt er sein Stahlpferd den Hügel hinauf. Das Fest geht ohne ihn weiter, aber die Einlage hat gefallen.

Ein kleiner Dreikäsehoch schwingt sein Windelpaket wie der Alte und die Hunde kopulieren zeitlos im Innenhof.

„Unser Kumpel wird es bald schaffen", sagt der eine mit den hellen Haaren, „jetzt hat er eine an der Angel, die wieder-kommt, sie ist in bestem Alter, geschwängert zu werden, nicht zu jung und schon bald zu alt. Das passt." „Es wird auch Zeit, dass er endlich das richtige Beuteopfer auswählt." „Ja, und dann ist sie auch noch dick, die haben ja keine guten Chancen in Europa. Hat ihm wohl der andere aus Frankreich gesteckt." „Super!"

Yelaina seufzt und bewegt sich durch den Innenhof zum Treppenaufstieg, Richtung Grossvater, Onkel, Mutter, Cousine und Froschgesicht.

Ein Wiedersehen, ohne Augen

Aus den bodenerdigen Wohnzimmern im Innenhof der Häuserreihen äugen Frauen gelangweilt und träge. Die Treppe zur Wohnung, die Myrta in Träumen immer wieder besucht hat, ist geschrubbt, die Türe, wie immer offen, bis geschlafen wird, dann wird sie abgeschlossen.

Yelaina steht im Türrahmen und blickt in das Innenleben der bekannten Räume. „Ach, Grossmütterchen, wie oft wir hier gesessen und geredet haben. Wie du mich empfangen und mir immer mehr anvertraut hast. Du schlaue Alte. Wie du den kleinen Schwarz-Markt mit Zigaretten und Eis bedient hast, immer bereit aus dem Halbschlaf im Sessel aufzuspringen, um Kunden zu empfangen. Tiefschlaf kanntest du sowieso fast kaum, ach diese Wasserzufuhr. Ich lieb dich, meine Gute!" Sie hört das kichern der Alten und lächelt. „Wusste ich doch, dass du auch hier bist."

Der Grossvater sitzt in seinem Lieblingssessel und schaut fern, kein Präsident zu sehen, ein schwarz-weiss Film aus dem letzten Jahrhundert wird ausgestrahlt. In der Küche hantiert Leons Mutter. Sie ist zurückgekommen, als Grossmutter starb, um die Familie zu unterstützen. Auf dem Sofa sitzt Leons Cousine mit dem kleinen Froschkindlein, etwas unbeholfen hält sie ihn in den Armen, setzt ihn an die Brust an und als der Kleine nicht trinken will, zwickt ihn Leons Mutter heftig in die Backe. Leons Onkel, Grossvater und Vater des Fröschchens, schaut auch fern und lässt die Welt an sich vorbeiziehen. Es kommt, was kommt und es geht, was geht.

„Grossmutter, bist du hier? Oder wer ist das?" denkt der Grossvater, offenbar abgelenkt. Die Grossmutter kichert. „Siehst du, er merkt, dass wir hier sind."

Yelaina hat keine Lust mehr, sich zur Familie zu setzen. Wieso auch, ohne Grossmutter in der Küche, Grossmutter im Sessel, Grossmutter im Gespräch, macht es keine Freude mehr. Sie spaziert durch das Wohnzimmer und riecht noch einmal den Duft in Leons Zimmer. Neuer Ventilator, neue Matratze, ein paar Schuhe, Kleider, das sind Überreste aus Myrtas Zeit. Überhaupt ist das Häuschen gepflegter. Den Wandschrank hat er selber gemauert. Darauf war er stolz.

Hier in diesem Zimmer hat die Reise angefangen, Yelaina lächelt.

„Nein, ich glaube nicht, dass ich zurückkomme, hier finde ich es nicht."

Sie verlässt die Wohnung, steigt die Treppe hinunter in den Hof, durchquert das bekannte Leben mit öffentlichem Telefon im Nachbarhaus, Gelächter, Getratsch und Geborgenheit, spaziert die kleine Böschung hinunter und geht Richtung neues Zuhause.

Nach zweihundert Metern sieht sie ihn ihr entgegenkommen, Leon. „Unsichtbar, bitte unsichtbar bleiben", denkt sie.

Den Blick nach unten gerichtet, gedankenversunken, schlendert er Richtung Heim, „keinen Erfolg heute, vielleicht morgen, mal schauen."

Kurz bevor sie sich kreuzen blickt er auf. „Was machst denn du hier?"

Yelaina erschrickt. „Oh nein, keinen Sichtschutz, wieso?"

Sie reagiert nicht. Geht an ihm vorbei, ohne ihn anzublicken, ohne Worte. Sie kehrt die Situation einfach um, als wäre er der Unsichtbare.

„Hey, ich werde dich schon noch kriegen, das weisst du genau."

Der obere Nachbar

Myrta, Tag für Tag auf dem Hausgerüst, Wände waschen, Wände streichen, auf dem Dach Ziegel auswechseln, Ziegel bürsten. Der obere Nachbar: „Wenn ich dir etwas helfen kann, sag es mir." Myrta ist erstaunt, ist das ein freundschaftliches Angebot?

Er hilft ihr, ein Möbelstück von einem Haus in das andere zu tragen. Sonst hält er sich bedeckt.

Kurz danach sieht sie, dass er eine Stützwand bauen lässt, eine neue Fläche für Auto, Mofas und Schopf erstellt. „Ist doch gut für dich? Oder vielleicht magst du das schriftlich mit mir regeln, damit die zukünftigen Käufer keine Probleme machen."

Der seitliche Nachbar

Hund, Frau, Mann. Keine Freunde, keine Besuche. Eine Oase in der Grenzregion, ohne Palmen, Wasser, Früchte.

Sie spazieren täglich und führen ihr Hündchen aus. Der Garten wird jahrelang umgegraben, die Erde habe zu viele Steine im Boden, da könne nichts wachsen. Die Pflanzen werden umgesetzt. Sobald eine Pflanze Wachstumsfreude zeigt, wird sie entwurzelt. Myrta fragt: „Möchtet ihr einmal zu mir zum Essen kommen?" „Ach nein. Ist nicht nötig", so ihre Antwort.

Eine Bekannte im Dorf

Myrta trifft sie öfters auf ihren Spaziergängen. Sie sprechen Persönliches. Myrta: „Möchtest du zum Essen kommen."

Der Abend ist schön, mit ehrlichen, aufmerksamen Gesprächen. Die Bekannte: „Muss ich dich jetzt auch einladen?" Myrta: „Nein, natürlich nicht."

Nachtfalter

wundersamer Waldschmetterling
lös dich aus dieser Köperverpuppung
trete aus der Schädelmitte
flieg in die Dämmerung
dem Mondlicht entgegen
höher und höher
in die Ruhe
in die Geborgenheit
in einen Raum
ohne Trennung
und Einsamkeit

das Herz will nicht stillstehen
es pumpt weiter
giftige Flüssigkeit
in alle Zellen
kein Licht, keine Metamorphose
nur dröhnendes Seufzen
einsamer

es darf nicht gewaltsam passieren
es darf keine Schuld zurücklassen
es darf sich herauslösen
er darf fliegen
in der Dämmerung
in die Nacht
der Lichtreflexion entgegen
jetzt

Hausverkauf

Myrtas Sohn begleitet sie zum Notar. Die jungen Familien sind nervös. Myrta dachte nie, dass sie diesen Schritt tun werde. Ihr Sohn sitzt an ihrer Seite und traurigen Gefühlswellen schwingen gemeinsam. Eine neue Lebensrichtung wird entschieden, für alle, für die zwei jungen Paare, für die Familie von Myrta, für den lebendigen Ort.

Beide Töchter sind weit entfernt, eine im Gefühl, eine auf einem anderen Kontinent. Der Abschied wird sie später einholen. Sie werden eine andere Art der Trauer spüren. Die Heimatlosigkeit wird sie in ihre eigene Richtung drängen. Es wird richtig sein.

Der Sohn wird versöhnlich bleiben. Er weicht nicht aus, er versteht, stützt die Entscheidung.

Am Abend sitzen sie gemeinsam auf der kleinen Terrasse mit dem atemberaubenden Weitblick. Sie schauen in die Ferne, in die Nähe des Schmerzes, weinen gemeinsam, erzählen sich Geschichten aus der Vergangenheit, wie ein Wetterspektakel das Nationalfeiertags-Feuerwerk übertrumpfte, wie das Überraschungsfest für seinen Geburtstag in der Sackgasse vor dem Haus gefeiert wurde, wie er an seinem ersten Schultag, hier auf einem kleinen Bank, seinen Freund empfangen hat, sie gemeinsam in den neuen Lebensabschnitt gegangen sind.

Die Andere

Yelaina verbringt den Tag in ihrem neuen kleinen Zuhause. Die Fischluft ätzt ihre Atemwege, aber die Klangfenster beruhigen sie. Das kleine Schwein ist ruhig, weil sie sich um das Tierchen kümmert. Schön wäre, sie könnte ihm mehr Raum bieten. Keine Möglichkeit, der Verschlag ist klein. Eines Tages wird es in eine Ecke getrieben und mit einem präzisen und entschiedenen Messerstich erlöst, dann auf einen Spiess gesteckt und bei Festivitäten, Rum, Gitarrenspiel, Gesang, Tanz stundenlang unter einem kleinen Palmblätterdach gebraten.

Ihr Körper ist entspannt. Sie geniesst die Wärme und die Kraft. Sie kommt langsam an.

Sie versteht noch nicht, was genau möglich ist. Sie hört die Gedanken, wird plötzlich unsichtbar, Leon konnte sie jedoch sehen. Offenbar bestimmt nicht sie, wer sie sieht und wer nicht. Also muss sie auf alles gefasst sein. Sie kennt diesen Gemützustand schon, erinnert sich, dass sie sich führen lassen kann. Sie vertraut ihrer Intuition und den Kräften, die sie hierhergeführt haben.

Die Menschen in der nahen Umgeben haben akzeptiert, dass sie nicht gesprächig ist, dass sie keine Geschichten erzählt, dass sie keine Erklärungen anbietet. Sie lassen sie in Ruhe und blicken ihr nur verstohlen nach, wenn sie vorbeigeht. Natürlich wird geredet: „Was will sie hier? Wer ist sie wirklich? Warum erzählt sie nicht? Ein Spitzel aus der Hauptstadt? Wir gehen ihr besser aus dem Weg, lassen sie in Ruhe."

Die Nacht bricht langsam herein. In der Ferne verwischt sich die Silhouette des Tafelberges. Der rostige Schiffsrumpf zeichnet standhaft Vergängliches. Die Wellen lecken an seiner Gegenwart.

Die Zeit verstreicht, fliesst in die Gegenwart. Sie sitzt in ihrem Zimmer und lässt geschehen, was war, ist und sein wird.

Dann zieht sie sich an. Heute eine rote Bluse, flache Lederschuhe, brauner enger, nicht zu kurzer Jupe. Die Haare mit einer Spange zurückgehalten, dezentes Lippenrouge.

Im Spiegel blickt sie die attraktive Mulattin an, natürlich und doch elegant, schlicht, aber ausgewählt. Ihre Augen schauen offen und vertrauensvoll. „Also, lass uns gehen, schauen wir uns diese Welt wieder an. Myrta, vertrau mir! Halte durch!"

In der Rammel-Strasse kommt ihr Leon entgegen, an der Hand die Andere. Die Jungs haben sie gut beschrieben, eine etwas pummelige Frau, Brille, strähniges Haar, angenehmes Gesicht, etwas belanglos, in der letzten Phase der Empfängnis-möglichkeit. Er pirscht offensichtlich die Freiluftdisco an. Ein paar Getränke, die sie überzahlt, einen Eintrittspreis, der ihm zurückerstattet wird und schon hat er ein kleines Geschäft gemacht.

Er wird ihr eine Unterkunft besorgt haben. Natürlich wird er daran auch verdienen. Jeder Schritt, den sie gemeinsam unternehmen, lässt die Münzen in seiner Hand klingeln.

Yelaina ignoriert das Paar, aber Leon fixiert sie kurz mit einem stechenden Blick, der ihr in die Bauchgegend fährt. Nein, sie wird nicht ausweichen, kein Zögern. Sie wird weitergehen. Sie ist hier, um etwas zu finden, sie ahnt es schon.

Myrtas Traum

Leon steht vor ihr mit gesenktem Kopf, hinter ihm, abgedreht, seine ausländische Frau. Er wagt kaum, sich aufzurichten, sie anzuschauen und nur mit grosser Mühe hebt er langsam den Kopf.

Als er ihr in die Augen schaut, errötetet er, Myrta glaubt zu sehen, dass sich sogar das Weiss seiner Augen trübt. Myrta lächelt: „Du errötest? Danke!"

Die Blicke verschränken sich.

„Ich muss mich umdrehen, hörst du?" Mit einer kleinen Kopfbewegung nach hinten weisend zeigt er die Richtung an. „Ich muss das da tun." Er versucht sich abzudrehen, der Blick löst sich nicht von Myrta.

„Ich kann das nicht." Er weint. Er ist halb abgedreht, halb ausgerichtet, Myrta immer noch in derselben Haltung, beobachtend. Sie weinen beide.

Dann wendet er sich abrupt ab, richtet sich auf die neue Aufgabe aus, verliert Kraft und sinkt ängstlich und erschöpft in sich zusammen. Er blickt noch einmal zurück, bleich, so bleich wie ein Negrito nur werden kann: „Du musst gehen! Mach aus unserer Liebe etwas Schönes!"

Im Fensterausschnitt betrachtet Myrta den wunderschönen Dachhimmel des Nachbargebäudes in der geschichtsträchtigen kleinen Hauptstadt. Engel, Mond, Sterne, Sonne, Tag und Nacht, in tiefblauem Himmelsgewölbe. Zwei starke Löwen stützen den Dachvorsprung.

„So ist es, so wird es wohl sein", denkt sie, „Negrito ist Löwe, ein Leon. Wird noch ein Zweiter kommen?"

sein kleines Zuhause

Myrta liegt in ihrem Garten
unter dem kahlen Baum
der Schnee blendet
reflektiert Sonnenstrahlen

weiße Rindenhaut
heimatlos
aber hochgewachsen
in dieser fruchtbaren Erde

sie nähern sich
beschwören eine andere Wirklichkeit
der Baum trage Blätter
sogar Blumen wüchsen auf den Zweigen
und sie riecht
deren süßen, verführerischen Duft

sie sprechen von den Wellen des Meeres
und sie hört das rhythmische Dröhnen
in ihren Adern
leidenschaftlich und schamlos

der Schatten
ihres Liebesbaumes
kann sie nicht
beschützen

sie wacht auf
nackt
im Schnee
verbranntes Fleisch
blutendes Herz
alleine

die kahlen Zweige des Baumes
flüstern das Lied
des Winters

sie wird sterben

der gute Mann kommt
im richtigen Moment
zerreißt seinen Mantel
deckt ihre Nacktheit ab
seine Tränen heilen die verbrannte Haut
seine Augen
warmes Mitgefühl
beruhigen den roten Fluss

er nimmt sie in seine Arme
und trägt sie vorsichtig
in sein kleines Zuhause

In Gedanken sprechen

Kurz nachdem Yelaina das Paar getroffen hat, wird sie wieder unsichtbar, die Menschen reagieren nicht mehr auf sie.

Sie lässt die Touristenbar mit lokaler Musikband, drehenden Paaren und Trauben von Jägern vor Fenstern und Tür hinter sich. Die Strassenbeleuchtung wird dämmriger. Sie überquert den Platz mit Bank, Läden und der Statue des philosophischen Nationalhelden. Sie erinnert sich an den gesprächigen Bankangestellten. Er wollte Myrta alle Tricks beibringen, vor allem jene mit den zwei Währungen. Als sie einmal einen grösseren Geldbetrag umtauschte, lachte er und meinte verschmitzt: „Schau uns an, hier sind drei Männer, die dich sofort heiraten würden!" Die zwei anderen Bankangestellten im Hintergrund zwinkerten ihr zu. Myrta: „Es wartet schon einer draussen." Heiteres Lachen im Raum und sie verliess die beschwingte Szene. Jedes Mal, wenn sie wieder Geld wechselte, schob er ihr eine neue geheime Information über die Trick-Kiste der Einheimischen zu. Myrtas Kartendeck verbesserte sich.

Die Pizza im Hauseingang bezahlte sie lange viel zu teuer. Sie merkte es erst, als sie einmal die Hälfte des Betrages zurückerhielt und dann allmählich die unterschiedliche Schrittarten der Währungen kannte. Für einen Touristenpeso erhielt man 24 einheimische Peseten, aber die Noten sahen fast gleich aus. Das ist Vergangenheit, jetzt gibt es eine digitale Währung und die alten Volkspesos. Die Einheimischen werden das teuer bezahlen. Jemand wird verdienen, jemand wird verlieren.

Yelaina schliesst die Augen, kennt den Weg blindlings, sie muss nur auf das Rauschen der Wellen hören, welches parallel zur Strasse Richtung Strand und Stadion führt. Sie will riechen und die Brise auf der Haut spüren, sich führen lassen von

Erinnerungen und dem Moment, den sie sich nie erträumt hatte. Noch einmal hier, so: „Myrta, spürst du die feuchte Wärme? Ich bin hier, wo wir uns getroffen haben, wo wir eins wurden. Du gehörst zu mir, ich zu dir."

Eine bekannte Stimme, ein Gedankenflüstern, lässt sie aufhorchen. Da sitzt er, der Wellenbeobachter, der Liebesfreund, nahe beim verlotterten Stadion. Wie immer blickt er in die Weite, beobachtet die Wellen und hält die Rumflasche mit dem lokalen Brand in seiner Tasche versteckt. „Wir haben es im Blut", und hat auf seine hervorstehenden Adern gezeigt. „Miraola, da sitzt du ja wieder, mein Freund, und deine Adern pulsieren immer noch sichtbar. "

„Ja, er ist ein Liebesfreund", denkt Yelaina. Ihr Freund ohne Liebesgeplänkel, der es nur widerwillig akzeptierte und er hofft immer noch, dass sich Myrta ihm zuwendet, nachdem Leon eine andere Lösung gefunden hat.

Yelaina setzt sich neben ihn. Sie bleibt verborgen, aber die Sensibilität des Wellenbeobachters ist fühlig.

„Meine Meeresgöttin, hilf uns! Myrta hat dir eine süsse Torte geopfert. Du hast sie mit einer grossen Welle akzeptiert. Wir hatten solchen Spass."

„Ja, mein Lieber, das waren besondere Momente! Du hast ihr viel gezeigt. Ihr habt Schönes erlebt."

„Myrta? Was machst du hier. Ich dachte, du bist wütend auf uns, weil wir nie und wirklich nie von der Trickkiste ablassen können. Bist du hier, meine Freundin, meine Begehrte?"

„Ach mein Lieber, sie wird kommen, aber du wirst sie nicht mehr treffen. Sie wird nur noch einmal herkommen. So ist das Leben, so sagt ihr doch."

„Aber ich spüre dich, ich höre dich, wo bist du?"

„Das ist die Sprache der Verbindung, die Einzige, die sie mit dir noch teilen kann."

„Das schmerzt, ich möchte dich hier an meiner Seite, mit dir die Brettspiele spielen, die du fast immer gewannst. Ich möchte mit dir Hand in Hand durch die Strassen pendeln, im kleinen Häuschen meines Freundes bis zum Morgengrauen tanzen und jetzt möchte ich noch mehr. Du würdest mich nicht mehr fernhalten. Ich würde dir meine heisse, leidenschaftliche Liebe schenken, die nur wir hier zu bieten haben."

„Weine nicht! Sie würde die Liebe zu Leon nie hintergehen. Du weisst das. Du warst immer ihr Liebesfreund und sie ist dankbar, dass du sie respektiert hast. Du wirst weiterkämpfen, hier an diesem magischen Ort und wenn die grosse Welle kommt, wirst du sie sehen, Myrta und die Meeresgöttin."

Myrta schreibt dem Wellenbeobachter

im Körper
in den Hüften
im Herzen
spazieren wir wieder
heute Nacht

unter schwachen Lichtkegeln
durch die ferne Heimat
deine Hand in meiner Hosentasche
die Finger verschlungen
schwingen mit meiner Hüfte
die sich entspannt
in der allmählichen Ankunft

hier sein
mit euch sein

die Liebe ist vergeben
es kann hier nie eine andere sein
die Freundesliebe zwischen uns
respektiert mich

welche Würde

die zwei Porzellanherzen
auf dem Grab
deiner weisen Mutter
lassen mich
in den Moment der Nähe
sinken

die Lebensschule
die du angekündigt hast

hat mich verändert
bereichert

gestärkt

aber ich werde heimatlos sein
bleiben
denn ein Teil
blieb zurück
und wird hier nie verstanden

und ihr werdet nie verstehen
wer ich hier bin

also wandle ich jetzt
unter schwachen Lichtkegeln
durch die Strassen
meines Lebens
im Herzen
sehnsüchtig
geborgen
im jetzt

Der Mann, der grosse Leon

Blaue Seide streichelt Myrtas Haut. Sie ist müde, kann die Augen nicht öffnen. Süss-scharfer Geruch des Gekochten betäubt ihre Sinne. „Es ist gut", sagt eine dunkle Männerstimme ganz nah, aber sie kann sich nicht bewegen.

„Mach den Mund auf, du musst etwas essen", spricht der Männerbass weiter.

Ihr Kopf wird angehoben und warme Flüssigkeit, eine Tomaten-Hühnerbrühe, reizt Schleimhäute, Gaumen, Speiseröhre und Magen. „Zurück ins Leben? Bitte nicht!" denkt sie und döst wieder weg.

Minuten, Stunden, Tage, sie weiss es nicht. Myrta schläft, trinkt Hühnerbrühe, hört die ruhige Stimme, das Schlurfen der schweren Schritte, Toilettengeräusche. Er verlässt sein kleines Zuhause nicht, lässt sich die Esswaren bringen. Manchmal sitzt er auf dem kleinen Balkon, eine Wollmütze auf dem kahlen Schädel, trinkt ein Glas Wein und lässt die kühle, schmutzige Stadtluft seine Lungen blähen.

Aus den Augenwinkeln beobachtet Myrta einen Ausschnitt der kleinen Wohnung, ihren Retter, den dunklen Martin, den grossen Löwen, auch ein Leon, sie kann sich noch nicht bewegen. Der Mann fordert nichts, fragt nichts, ist bei ihr und seine Grosszügigkeit pumpt Heilung und Vergebung in die kleine Unterkunft.

Am Abend und in der Nacht sitzt er auf seinem Lehnstuhl, schaut fern, döst ein, wacht wieder auf, setzt sich kurz auf den Balkon, kommt zurück, sieht sie an, manchmal mit einem zaghaften Lächeln in den Augenwinkeln, denn langsam kehren Myrtas Lebenskräfte zurück. Myrta kennt das nicht,

einen Ruheraum, Geborgenheit. Er trocknet die Tränen der Er-
lösung mit der Seide.

„Wir sind nicht alleine, meine Liebe!"

Wohin

Im Wohnwagen leben? Ins Ausland, weg von allem? In die Natur mit den Pferden?

Wo soll Myrta hin? Alles ist möglich, nichts bietet sich wirklich an. Sie schaut viele Möglichkeiten an, Wohnungen, die Ferne, das Mobile. Aber für einen grossen Schritt, für eine radikale Veränderung fehlt die Kraft und die fernen Freunde würde sagen: „Der Weg öffnet sich nicht." So wandert Myrta von Sackgasse zu Sackgasse, jeder neue Gedanke fordert sie. „Kann ich das? Bin ich stark genug? Kann ich alles hinter mir lassen? Muss es so grundsätzlich sein? "

Und dann findet sie in der Nähe die schlichte, neue Dachwohnung in einem kleinen Mehrfamilienhaus, mit einer schönen Terrasse. Die Wohnung wurde lange nicht vermietet, war etwas zu teuer inseriert. Kein Vorleben, keine Geschichten, eine Neubauwohnung, dessen Preis für sie gesenkt wurde. Der Weg öffnet sich.

Abschied von der Heimat

Auf der letzten Reise in die Heimat nimmt Myrta eine Flasche Champagner mit, vom Feinsten. Es soll ein Fest sein, so wie wenn sie einmal diese Welt verlassen wird.

Auf dem Feldweg, ein paar hundert Meter entfernt vom blaugelben Haus, das sich hier in seiner ganzen Grösse zeigt, hält sie an. Sie öffnet die Flasche und nimmt den ersten Schluck. „Wie schön du bist, frisch gestrichen, in leuchtenden Farben", denkt Myrta.

Ihre Brust zittert, die Kehle schnürt sich zu. Eigentlich könnte sie hierbleiben, das Fest auslassen, die Flasche leer trinken, die Zeit verstreichen lassen, es würde langsame dunkel werden, die Farben verbleichen, die Nacht sie umhüllen, sie würde einschlafen, aufwachen, mit steifem Genick und trübem, leerem Kopf und dann wäre es vorbei, aber zu spät. Morgen wird die Maklerin die Schlüssel übergeben. Der letzte Akt dieser Oper.

Myrta startet den Motor und fährt langsam über den Mergelweg zurück auf die Landstrasse.

Die blauen Türen der beiden Häuser zwinkern ihr zu: „Komm, wir warten auf dich, wir wussten, dass du noch einmal zurückkehrst. Wir wünschen uns das. Nur seltsame Menschen verstehen nicht, dass wir euer Leben in uns tragen, dass wir es euch wieder zurückgeben möchten, damit wir die Zukunft frisch empfangen können."

Die Räume der Häuser sind leer. Vor einigen Tagen hat sie die Endreinigung abgeschlossen und sie liess etwas Zeit verstreichen, damit sich ein neues Gleichgewicht einstellen konnte.

„Ach meine lieben Räume, die Leute würden denken, dass ich verrückt bin, wenn sie sähen und hörten, dass ich mit euch spreche, dass ich mich vor euch verneigen werde."

„Yelaina? Bist du hier?" Sie spürt die Freundin, wortlos jetzt, aber Kraft, Mut und sogar etwas Freude zeigen ihr, dass sie nicht alleine ist. „Danke, meine Schöne!"

Die Räume wirken entspannt. Sie riechen frisch gereinigt und die geölten Holzböden, Kirsch-, Buchen- und Tannenholz, laden zum Barfussgehen ein.

Jedes Zimmer erzählt ihr die Geschichten, die sie mitnehmen darf. Kinderspiele, Weihnachtsfeste, Liebesnächte, Versöhnungsgespräche, Musikklänge, Kinderfreunde und Jugendlieben, Krankheitsnächte, Abschiede, Ernstes, Fröhliches, Lustiges, Glückliches, Trauriges.

Myrta lauscht den Erzählungen, trinkt einen Schluck Edles, verneigt sich und schliesst eine Türe nach der anderen.

Vor dem Haus leert sie für jede Tierseele, die sie begleitet hat und die hier begraben ist einen edlen Tropfen auf die Erde, so wie sie das in der Ferne für die Verstorbenen tun, bevor sie sich selber bedienen.

Sie verneigt sich noch einmal vor dem Gebäude und wendet sich ab.

Der Landweg unterhalb der Heimat führt in das Nachbarland. Die Katzen begleiteten sie täglich auf diesem grenzüberschreitenden Spaziergang, der zum Wasserreservoir der Nachbargemeinde führt. Der Kirschbaumhain blüht nicht mehr weiss, die hellroten Früchte wachsen.

Sie fährt den Weg hinunter, setzt sich auf eine Bank mit dem letzten Tropfen Champagner und schaut in die Ferne. Auf den

Feldern tanzen die runden Heuballen Stille, flüstern Nahrung, zeichnen ein modernes Kunstwerk. Ihren Kindern waren sie vor langer Zeit Turn- und Spielgeräte.

Hoch am Himmel, kreisen vier grosse Raubvögel ihre konzertierten Runden. Myrta beobachtet die würdevollen Tiere mit den grossen Fittichen. Unerwartet löst sich einer von der Gruppe, nutzt den Aufwind und nähert sich der Mondsichel, die sich ruhig am Spätnachmittag in das Himmelblau legt. Er berührt die Spitze und fliegt die Kontur mit der Präzision eines Zirkels ab. Dann verlässt er Gestirn und Gruppe und entfernt sich mit kräftigem Flügelschlag Richtung Westen.

Myrta leert den letzten Schluck aus der Flasche auf die Erde, fährt den holprigen Feldweg in ihrem kleinen, hart gefederten Sportflitzer hinunter auf die Landstrasse.

Die Schimmelstute – die Königin

Als sie aus dem Süden anreiste, hiess sie 'Prinzessin', aber Myrta sah in ihr eine Königin, noch nicht dann, aber sie wird es werden. Sie war grauweiss, sehr dünn, scheu, wurde schon geritten, jedoch mit sehr scharfen Hilfsmitteln.

Myrtas brauner Vollblüter wird ihr helfen. Er wird ihr zeigen, wie man sich als Pferd behauptet, verbindet, spielt, korrigiert, provoziert.

Jetzt nach vier Jahren ist die Stute stark, sie wird eine Königin werden. Der Weg war lang und Myrta musste ihre Ungeduld zähmen. Keine Chance, das sensible Tier zu überlisten. Wenn das Vertrauen nicht geklärt war, konnte sie sehr gefährlich werden, aus Angst, nicht aus Unwillen.

Das Pferd ist so empfindsam, dass sie jede Stimmung von Myrta spürt. Ist Myrta müde oder traurig, wird sie unsicher. Die Königin fordert Myrta, wieder zu Kräften zu kommen, denn sie darf nicht schwächer sein als die Schimmeldame.

So arbeiten Myrta und das edle Tier lange an der gemeinsamen Sprache, welche intuitiv, natürlich, körperlich und manchmal nur in Gedanken oder Gefühlen redet. Reiten lassen sie vorläufig, es geht um den Kontakt und das Verständnis. Wenn die Stute etwas nicht versteht, hält sie abrupt, schaut sie an und sagt: „Bitte klarer, ich verstehe nicht!" Myrta lacht, „ach meine Edle, ich lerne doch auch noch, wir müssen diese Sprache gemeinsam entdecken."

Und die Verbindung wächst langsam, das Vertrauen wird tiefer und stärkt Myrta und sichtlich auch die Königin. Sie werden zusammen tanzen, sie wird ruhig und entspannt Myrtas Bewegungen auf ihrem Rücken akzeptieren. Sie wird nicht mehr Angst haben, dass ihr Schmerz zugefügt wird. Sie wird sich geborgen fühlen. Es braucht Zeit und vielleicht wird die Pferdedame nur wenige Menschen akzeptieren, aber diese wird sie glücklich machen.

Die Rote

Yelaina sitzt tagelang in ihrer kleinen neuen Heimat, getränkt in Gerüchen, Geräuschen und wartet auf einen Impuls, der ihr zeigen wird, wohin sie sich bewegen soll, um den Sinn zu verstehen.

Manchmal spaziert sie in ihrer Erinnerung im Tal, in welchem Myrta die kleine Hühner- und Schweinezucht mit Leon aufbaute. Der Onkel wird ein oder zwei Schweinchen besitzen, die Hühner mussten Notgeschlachtet werden. Es hängen immer noch christliche Gelübde in der Hitze und im Mangobaum, um die Mächte der anderen Religion abzuwenden.

In der kleinen Holzkirche knien die Adepten vor Bänken und versinken in Demut und Gebet.

Geburtstagsgebäck wird auf dem Kopf zum Fest balanciert. Männer, Frauen, Kinder schwingen geruhsam ihren Körper in der feuchten Hitze. Barfussreiter auf ausgemergelten Pferden waschen die müden Tiere im Fluss, manchmal transportieren sie ein Schweinchen in einer Jutetasche, das Tier grunzt furchterregend. Ochsen ziehen Holzwagen, befördern Naturprodukte auf unwegsamen Stassen und durch Bäche.

An einem Abend sitzt Myrta gedankenleer am Fenster, beobachtet die Lichtspiele auf dem Meer, die Sonne taucht langsam in die Fläche am Horizont ein und die blau Weite wird dunkel, bis schwarz. „Ich sollte noch einmal zur Roten", denkt sie.

Da sitzt Yelaina schon in der kleinen Stube der Mächtigen auf einem Sessel. Erschrocken sieht sie die Fettleibige, rot gekleidet, enge Leggings und T-Shirt, geschwärzte Haare, gegenüber im Sofa sitzend. Leons Frau, Geliebte, Führerin? Was war sie wirklich? Zum Glück ist Yelaina unsichtbar, wie hätte sie sich sonst verhalten sollen? Die Rote hasst sie oder besser, sie hasste Myrta. Yelaina entspannt sich und schaut mit der anderen fern. Nichts Spannendes, auf jeden Fall nicht für ihren Geschmack, aber die Stimmung im Häuschen ist aufregend genug und sie wartet ab, was sie hier erfahren wird. Der kleine Junge der Roten ist gewachsen, er wird jetzt an die zehn Jahre alt sein, war ein kränkliches Kind und als Leon und Myrta ihn zum Pizzaessen einluden meldete sich die Rote bei Leon, er solle den Sohn sofort heimbringen, er dürfe nicht im Mondlicht sitzen, das schade seiner Gesundheit. Vielleicht ist er Leons Sohn, vielleicht auch nicht, wer weiss das hier schon. Leon liebte ihn wie einen Sohn und der Junge liebte Leon wie einen Vater.

Der Sohn sitzt mit der Mutter auf dem Sofa, lehnt sich an den grossen Busen. Sie schauen zusammen fern.

An der Wand hängt eine Kinderzeichnung vom Kleinen. Man könnte eine Teufelsfigur erkennen, aber Yelaina will das lieber nicht verstehen, die Dunkle treibt es mit allen Kräften.

„Was tue ich hier?" fragt sich Yelaina. Die Rote hat Myrta herausgefordert und gestärkt. Yelaina hegt keinen Groll, sie hat noch nie eine so mächtige Frau kennengelernt. Eigentlich ist sie ihr dankbar.

Das seltsame Paar ist vom Geschehen auf der Bildfläche absorbiert. Yelaina hört keine Gedanken. Sie will sie aber etwas fragen und versucht in ihre Aufmerksamkeit einzudringen. „Hey Rote, erinnerst du dich an die Partnerschaftskerne von Leon und Myrta? Jeder hatte einen, um die Verbindung zu stärken?" Sie hebt die Augenbrauen, scheint etwas zu hören, will aber nicht antworten. „Na siehst du, habe ich es mir doch gedacht. Hast du den von Leon mit einem neutralen ausgetauscht und mit dem Verbindungskern gearbeitet. Stimmt's?" Die Fette reibt sich die Nase und verzieht die Mundwinkel nach unten. „Dacht ich es mir doch! Der grosse Leon meinte, dass Negrito Myrta vor dir schützte. Hier war er machtlos, wusste nichts von deiner Tücke. Aber als Myrta alle Kräfte verlor, wie nie zuvor, wies ich sie an, den Kern zu verbrennen. Bald erholte sie sich. Du kennst keine Grenzen, hast keine Scham! Aber hör, du Dunkle, alles wird zu dir zurückkehren. Schau einmal deine Gesundheit an, die zeigt dir immer mehr, dass du dafür bezahlen wirst."

Die Mächtige dreht sich zu Yelaina. „Verschwinde von hier! Du hast hier nichts mehr zu suchen! Verschwinde!"

Yelaina lächelt. „Natürlich hörst du mich."

Am nächsten Morgen schmerzt Yelainas Körper, als wäre sie einen Marathon gelaufen. Aber sie ist ruhig. „Meine liebe Myrta, wir sind gereinigt, die Rote hat sich enthüllt. Glaub an unseren Weg! Ich gebe nicht auf."

Rätsel und Annäherung

Myrtas Kraft kehrt langsam zurück. Der Mann sitzt wie immer auf seinem Sessel, schaut sie an, spricht wenig.

Die Kunst an den Wänden, zwei Bilder, Farbkollagen, sind Rätsel. Er gestaltet seine Träume in formstarken Farben. Träume, die ihn auf die Reise schickten, die er kaum erzählt.

Der mächtige Baobab schwingt ihn mit seinen Lianen über Abgründe. Sein kleines Heim ist geschützt. Er sieht die Abgründe, die zerstörten Häuser, den Zerfall. Er fürchtet sich. Welche Abgründe werden sich auftun?

Das andere Bild zeigt seine Reise, fort aus der magischen Heimat. Ein Grab in der Mitte zeichnet die Naturkraft und die Blumenseele, die sich nie auflösen wird. Er entfernt sich von den Mächten auf geschütztem, grünem Weg. Sein Lichtengel begleitet ihn. Ängstlich schaut er zurück in seine Heimat, die ihn immer binden wird. Sein Wissen ist Erfahrung, keine Illusion, keine Phantasie. Er kennt die Kräfte, die an uns zerren.

Myrta wickelt das Seidentuch um ihre Nacktheit und verlässt das Bett zum ersten Mal in seinem kleinen Zuhause. Er blickt sie erstaunt an. Sie setzt sich auf seinen Schooß. Er hält sie wie ein zerbrechliches Küken. „Geht es dir besser?" Sie lächelt ihn dankbar an. Seine grossen Hände streicheln zart ihren Rücken, das Blut kehrt langsam in die Haut zurück. Sie geniesst die Berührung, legt ihren Kopf auf seine Schultern, schmiegt sich an seine Wärme, lauscht seinem Herzschlag.

Die Berührung der Lippen lässt sie beide erschauern, wie Zittergras lassen sie sich von den sachten Sinneswellen schwingen.

„Willst du das wirklich?" versichert er sich. Sie nickt. Er trägt sie die zwei Schritte in sein Bett. Legt sie hin, zieht sich aus, deckt die zwei sehnsüchtigen Leiber mit dem blauen Seidentuch zu und nimmt sie in seine Arme.

Sie sinken in eine Welt der Ahnenverbindung, sie sind nicht alleine. Eine Versöhnung bietet sich an, ein Vergeben von Ausbeutung und Gewalt. Mann und Frau, zwei Seelen, können diese Last nicht tragen, aber für einen Moment löst sich der Schmerz in Liebe auf. Keine Vereinsamung, keine Schuld, keine Angst vor Kräften, die uns manipulieren. Berührung, die Verbindung verspricht, für den Moment.

Die Lianen des Baobabs wickeln sich um ihre erregten Körper, schwingen sie hinaus in einen Raum der Schwerelosigkeit, setzen sie sorgfältig wieder in die Laken. Verschlungen liegen sie in der kleinen Heimat, die Myrta bald wieder verlassen muss.

kein Zufall

nein
es ist nie Zufall

überall und immer
weben
Schicksalsfäden
ihr Fadenkreuze

lassen uns auf
Gummiseilen
twisten

im JoJo
auf- und abschwingen

und wir meinen
wir kennen die Spielregeln
können gewinnen

aber
Mächte lassen uns tanzen
lernen
verlieren
gewinnen

die Meise zirpt
im Abendhimmel
Autoreifen
quietschen Antrieb
und die Stimmen der Nachbarn
auf der Strasse
summen Gemeinschaft

Alle Vögel sind schon da

Wenn Myrta durch die helle Glockenstimme des Knaben mit den Engelslocken geweckt wird, ist das ihre Rettung. Sie weiss, wo sie sich befindet. Der Junge nutzt den Klangkörper des Eingangsflurs, um seine kindliche Stimme zu verstärken. „'Alle Vögel sind schon da'. Da ist er, der aufgeweckte, kleine Junge aus dem ersten Stock des lichtdurchfluteten Mehrfamilienhauses", denkt sie. „Zum Glück, weckt er mich!"

Wenn er seine Gesänge vergisst und Myrta in ihrem neuen Zuhause ohne den natürlichen Wecker aufwacht, ist sie verwirrt. Sie sucht eine Orientierung, die sie in dieser Wohnung noch nicht finden kann. Sie möchte Läden aufschieben, die klemmen, dem Gesang ihrer Morgenamsel zuhören, ihre Wurzelanbindung an die Heimat spüren. Sie blickt erstaunt zur Dachneigung in ihrem Zimmer, eine Holzdecke, die Raum und Wärme sein könnte, aber fremd bleibt.

Manchmal wacht sie in der Nacht auf, schiebt sich aus dem Bett und geht in die falsche Richtung. In der Heimat war die Dunkelheit kein Hindernis und der Weg traumwandlerisch natürlich.

„Mein lieber Junge, am Anfang, als wir uns begegneten, hast du mich mit grossen Augen angeschaut und obwohl du schon Worte kanntest, hast du nicht geredet, aber eine schweigende Verständigung war spürbar."

Die Eltern des Jungen und auch die anderen Parteien in diesem schlichten Haus bieten unkomplizierte Alltagsgespräche an, manchmal halten sie Myrta die Türe auf oder helfen beim Tragen von Einkaufstaschen. Eine Begegnungskultur, die sie nicht mehr kennt und die sie ankommen lässt in einen

Übergang, der dauern wird. Die Einsamkeit und Entwurzelung bleibt schmerzhaft, aber erträglich. Es wird sich ändern und sie wird langsam wieder eine Geborgenheit entdecken.

Zwei Monate später streckt ihr der Glockenknabe die geöffnete, kleine Hand entgegen. Er hat drei Steine gefunden. Sie werden ihren Wert und ihren Zauber durch ihn erhalten. „Schau, ich habe Steine gefunden!" Myrta betrachtet die 'Edelsteine' aufmerksam und zeigt auf einen. „Oh, dieser hier ist sehr wertvoll, den musst gut aufbewahren!" Sie zeigt auf einen glänzenden, hellbraun gesprenkelten Stein. „Das ist ein sehr alter, schöner Lavastein." Der Junge blickt ihr dankbar und freudig in die Augen und hüpft davon. „Mama! Schau ich habe einen sehr wertvollen Lavastein gefunden!"

Das Grosskind

Der Kleine klettert gekonnt mit Kraft und Ausdauer ein glitschiges Holzbrett hoch, welches Myrtas Tochter auf die Terrassentreppe gelegt hat und ihm als Rutsche dienen soll. Umsichtig hat sie eine weiche Matte am Ende hingelegt, damit er sicher landen wird.

Er hat vor kurzem gelernt zu gehen, sein verständliches Wortrepertoire beschränkt sich im Moment auf 'Mama', 'nein', 'da'.

Schritt für Schritt, geschickt, zieht er sich mit einer Hand an der Brettseite hoch, eine Technik, die er sich selber ausgedacht hat und die ihm den Aufstieg ermöglicht. Er weiss um den Genuss beim Rutschen, also spornt die Vorfreude seinen Mut an und jeder kleine Schritt überwindet die Schwerkraft, die ihn hindern könnte. Während seines Aufstiegs, der für den kleinen Mann sicher einer Bergbesteigung gleicht, redet er mit sich in Worten, die im Moment nur für ihn verständlich und motivierend sind.

Manchmal sind die eigenen, für die Umwelt unverständlichen, Worte der Schlüssel zum Erfolg.

Am Schluss der Steige ändert er seine Technik und dieser Wechsel birgt eine kurze Gefahr in sich. Er klammert sich an das Ende des Brettes und das Gefälle zwingt ihn fasst in die Tiefe.

Er ist mutig, geschickt und überwindet auch diesen Endspurt.

Dann rutscht er in die kurze Neigung und landet sicher auf der weichen Matte. Tochter und der Kleine lachen heiter.

Auf dem Land bei der Tante

Yelaina flaniert durch die Gassen in der Nähe ihrer Wohnung. Das Tageslicht zieht sich langsam zurück, die Menschen treffen sich auf der Strasse, begrüssen sich, lachen, sitzen in Schaukelstühlen vor den Hauseingängen, reden über das Leben und über Weisheiten, die sich in Alltagssprüche einnisten.

Der kleine Matschweg biegt in Jabaos Leben und Wirken ein. Immer noch liegt Abfall an den Seiten, die Hühner spazieren frei und picken Essbares, setzen sich auf Flaschen, die irgendwann von alten Menschen eingesammelt werden. Vor der kleinen Holztür, die jetzt noch geschlossen ist, warten Menschentrauben respektvoll das Ende von Jabaos Ruhepause ab. Er wird bald bereit sein und das Ritual kann beginnen.

„Leon, welches Beisammensein, welche Erfahrung, du hier mit Myrta, Francisca und Jabao."

Die Holztür bewegt sich langsam, ächzend und das hagere Gesicht äugt etwas müde, aber aufmerksam aus der Öffnung. Er blickt Richtung Strasse und sieht die seltsame Mulattin. „Bekannt oder doch nicht? Mmhh, ein Gesicht, welches etwas verbirgt? Dunkle Augen mit einem Blauschimmer? "

Er lächelt Yelaina einladend zu. Sie schmunzelt verschmitzt zurück, hörte sie doch seine Gedanken und antwortet in seine Wahrnehmung: „Grüss mir Francisca, die blinde Schwarze!" Er nickt.

„Ich sollte noch einmal zur Tante von Miraola, der Priesterin", denkt sie und schon steht sie in ihrem Garten, fern der Stadt, auf dem Land. Die Türe steht offen und die spärliche Beleuchtung im Inneren der kargen Geborgenheit lädt ein. Die Tante sitzt dösend im Schaukelstuhl und der Sohn bildversunken auf dem Sessel. Die belanglosen Fernsehgeräusche stören nicht, die Hühner gackern im Hintergrund.

Yelaina steht schüchtern im Türrahmen, wartend, beobachtend, weiss sie doch nicht, ob sie sichtbar ist.

Die Tante: „Wir haben Besuch mein Sohn, seltsam um diese Uhrzeit biete ich doch keine Konsultationen an, aber es scheint mir, dass sie willkommen ist. Komm herein Mulattin, setzt dich auf den Stuhl und lass mir etwas Zeit, mich vorzubereiten."

Yelaina nickt dankbar und setzt sich wortlos neben den Sohn auf den Stuhl, wie damals, als Myrta mit Miraola hier war. Der Sohn begrüsst sie kurz mit einem kaum sichtbaren Kopfschwenker und versinkt sofort wieder in die Fantasiekiste. Mit Myrta, der Touristin, war er sehr gesprächig, aber einer von hier, muss er ja nichts erklären.

Die Tante ruft aus dem Schlafzimmer: „Komm herein, ich bin bereit! "

Das Schlafzimmer im Dämmerlicht ist noch geheimnisvoller als vor Jahren, als Myrta die Priesterin besuchte. Bett, Stuhl, Altar, Priesterin, Zigarren, Rumglas, die Heiligen im Eck, alles ist so, wie es war und wie sein wird.

„Setz dich hier auf den Stuhl! "

Yelaina nickt wortlos und setzt sich gehorsam ohne einen Gebärdenschlenker auf den Holzstuhl neben die Priesterin und den Altar.

Die Tante versenkt sich wie beim letzten Mal, trinkt einen Schluck aus dem Glas, spuckt auf den Boden, bläst den Rauch der Zigarre in den durchsichtigen Hohlraum, klopft mit einem dünnen Stab an das Glas und blickt in die Ferne. Dann schaut sie Yelaina mit warmem und klarem Blick an.

„Du bist nicht, was du mir hier zeigst." Sie kichert leise und heiter. „Die Leute gefallen dir immer noch, ist doch so? Aber du bist zurückgekehrt um etwas zu finden. Frage mich!"

„Eigentlich weiss ich nicht genau, warum ich zurückkehren musste. Meine Seele schickte mich und die Schwester musste ich zurücklassen. Wir mussten uns für eine Weile trennen. Kannst du mir helfen, wie ich das finden kann, was ich hier suche? "

„Ach meine Liebe, ihre Seele war schon vor Jahren auf Reise, dass ihr euch jetzt eine Zeitlang getrennt habt, ist richtig." Die Priesterin kichert wieder und Yelaina hört in der Ferne das Echo der heiseren Grossmutter.

„Du musst die Zeichen lesen, das tust du schon gut. Dein Weg hat sich geöffnet, dein Geist entspannt sich."

Die Priesterin klopft noch einmal ans Glas, nimmt einen Schluck, spuckt auf den Boden, zieht an der Zigarre, bläst den Rauch ins Glas, wendet sich an ihre Heiligenfiguren, versinkt in Ruhe und horcht in die Stille, dann wendet sie sich an Yelaina.

„Ein Traum wird dir die Antwort bringen."

Die Tante blickt voll Freude in die blaubraunen Augen.

„Geht in Frieden! "

Myrtas zuhause

Der Mann und Myrta sitzen in den gemütlichen, tiefen Liegestühlen auf der Terrasse und lauschen den ziehenden Vögeln, den Glockenklängen des Kraftorts, der lokalen Kirche und den hohen, trockenen Klängen der ältesten Kapelle in der Region. Rücksichtsvoll lassen sich die Glocken Zeit, beginnen versetzt und stimmen erst gemeinsam ein, nachdem sich jede Klangeinheit vorgestellt hat.

Sie haben die religiösen Zentren in der Region besucht, wandelten in den Meditations- und Danksagungsgängen der Maria im Stein. Sie kennen die gemeinsame Stille. Die wenigen Worte, die sie wechseln, stören die Ruhe nicht.

Myrta: „Ich bin glücklich!" Er nimmt ihre Hand zieht sie zu sich hinüber. Myrta folgt der Führung, wie einer tänzerischen Einladung, legt sich auf seine Brust und atmet den Kokosduft ein. Sie erinnert sich an einen Liedtext: „Ich lasse mein Herz in deiner Haut."

Leon: „Das macht mich auch glücklich."

Myrta weiss, dass sie Yelaina folgen wird. Der Weg wird sich öffnen. Sie wird sie rufen, die liebe Seele. „Lass mir noch etwas Zeit, meine Mutige! Ich möchte einen Moment lang glücklich sein." „Der Zeitpunkt wird richtig sein. Sorg dich nicht, Schwester!" hört sie die ferne Stimme.

Maria im Stein

Sie schwebt auf einer goldenen Wolke im violetten Baldachin. Dieser ist gekrönt mit demselben Gold wie die Wolke. Engel umrahmen die Weise, Grosszügige und mit ihren Kerzen beleuchten sie den heiligen Ort in lebendigem Licht. Im Rücken von Madonna und ihrem Kind strukturieren mächtige Strahlen den violetten Hintergrund.

Myrta vertieft sich in das Antlitz der Mutter der Gnade, ein ruhendes Gesicht, die Augen halbgeschlossen, unter schweren Lidern blickt sie weich, vertrauensvoll, kaum sichtbar Richtung Kind.

Der kleine König spricht Grossmut und Vergebung in den Raum. Die Mutter trägt ihn im rechten Arm, im Linken hält sie das Schwert der Klarheit und Entschlossenheit.

Die bedingungslose Verbindung der zwei Figuren ist spürbar, sie in würdevoller Hingabe, damit er die Worte der Erlösung anbieten kann.

Myrta: „Hilf uns Urmutter, dass Yelaina den Weg findet, dass ich die Geduld habe zu warten, dass ich keine falschen, kleinlichen Entscheidungen treffe, dass ich ihr folgen kann, dass wir uns verbinden, mit allem, was uns vereint."

Myrtas Blick wird offen, keine Tiefenschärfe, keine Fokussierung. Die Augen tränen, aber sie kann den Blick nicht abwenden, kann kaum mehr blinzeln, um die Augen zu entspannen und zu nässen, denn das dunkelrote Kleid verschwindet, der Baldachin taucht ab. Das goldene Licht der Strahlen übernimmt das Farbenspektrum.

Gesicht von Mutter und Kind scheinen. Die Leuchtkraft tritt aus dem Hintergrund, aus der Tiefe in den Vordergrund und wechselt in atemberaubender Geschwindigkeit die Ebenen.

Maria löst sich aus der Versenkung, richtet ihren Blick auf Myrta, lächelt liebevoll der Frau zu, die wie sie vor langer Zeit und immer wieder das Erdenleben erträgt, um zu reifen. Sie spricht ihr Mut zu.

Myrta: „Bitte gib mir ein Gebet!"

Marias lächeln wird heller.

Das Gebet

Maria

Mutter Gottes
Mutter der Barmherzigkeit und Gnade
läutere mein Herz
führe meinen Geist in die Ruhe

deine Grösse
im Schmerz als Mutter
deine Hingabe
an Demut in Würde

an die weibliche Kraft
der Empfängnis
an bedingungsloses Vertrauen
dass wir getragen sind
geführt werden
als Frau
in der intuitiven Weiblichkeit
in mitfühlendem Handeln
in der Geborgenheit
die uns heilen wird

deine Würde
deine sanfte Kraft
deine Liebe
deine Gnade
ist Quelle
goldenes Licht
lässt mich deine Nähe spüren
in mir und in allem
was mir begegnet.

Amen

Die Begegnung

Yelaina trifft Leon wieder im Zentrum. Er sieht sie. Sie ist für ihn immer sichtbar. Scheinbar ist die Andere abgereist. Er hat eine neue Sonnenbrille, sitzt siegessicher im Zentrum auf der Bank, in Schräglage, Beine überkreuzt, eine Hand auf der Lehne, die andere im Schoss und blickt ihr gelassen entgegen. „Da kommt sie endlich", hört sie ihn denken.

Vermeintlich gelangweilt steht er auf und geht ihr entgegen, ermöglicht ihr kein Ausweichen. „Und wann sehen wir uns?" „Warum?" „Weil das so sein muss." „Heute Abend um neun Uhr."

Yelaina umgeht seine breitbeinige Pose und schwingt davon.

„Wer ist sie?" hört sie ihn noch denken. Dann zieht sie ihre Antennen ein, geniesst die Bewegung.

Abends reflektiert der Spiegel in ihrer kleinen Wohnung eine liebende Frau. Schichten von Myrta und Yelaina legen sich übereinander. Augen-, Hautfarbe, Körpertonus, Alter verschmelzen. „Bist du hier meine Liebe? Das ist gut so. Wir werden ihn zusammen noch einmal treffen, dann trennen sich unsere Wege."

Myrtas Fingerring liegt auf der Kommode, der Ring, den sie hier immer getragen hat. „Du meinst, ich soll ihm ein wenig helfen?" Sie hört die Grossmutter kichern. „Aha, du bist auch hier, meine Schlaue? Na dann bin ich ja in bester Gesellschaft heute Abend."

Sie wird sich gleich kleiden, wie beim ersten Treffen, nur der Fingerring ergänzt ihr Bild.

Er lehnt an der Hausmauer vom Kino, redet mit seinen Kollegen und lässt den Blick unruhig schwenken. Kaum sieht er sie, streckt sich seine Wirbelsäule und tänzelnd, etwas unsicher, geht er ihr entgegen. Als sie vor ihm steht errötet er. Sie lächelt. „Ein paar Mal bist du errötet und das macht mich glücklich", denkt sie.

„Und möchtest du ein Helles oder Dunkles?" Er meint die Biersorten. „Eigentlich lieber einen Schluck Rum", antwortet sie. Er blickt sie erstaunt an. „Du bist nicht gerade bescheiden. Dann müssen wir einen Selbstgebrannten kaufen, den Ladenpreis kann ich nicht zahlen."

Yelaina streckt ihm das Geld hin. „Hol uns den Besten."

Er blickt sie kurz erstaunt an, nimmt dann aber das Geld so selbstverständlich, wie er es gewohnt ist, dreht sich leichtfüssig. Beim Weggehen ruft er kurz: „Warte hier!" Der bekannte Befehlston irritiert sie nicht mehr. Die Grossmutter stöhnt. „Na meine Alte, kommst du mit?"

Yelaina gehorchte nicht. Sie spaziert langsam Richtung Brandmauer und setzt sich unter den Baum, wo sie sich kennengelernt haben. Sie spricht mit ihm in Gedanken: „Du weisst, wo ich bin."

Es dauert, denn er hört nicht zu. Yelaina geniesst die Ruhe und das Rauschen des Meeres. „Meeresgottin, bitte hilf den Menschen hier, sie brauchen dich!"

Nach ungefähr einer Stunde erscheint er sichtlich wütend. Die Flasche ist angebrochen, er musste sich beruhigen. „Warum hast du nicht gewartet? Ich habe dich überall gesucht, die Leute konnten mir nichts sagen, sie haben dich nicht gesehen."

„So ist das Leben", antwortet sie.

„Und was machst du hier? Niemand kennt dich, keiner weiss, woher du kommst und was du hier willst. Eine aus der Hauptstadt? Bist du ein Spitzel?"

Sie lächelt und antwortet nicht.

„Sag doch! Kennen wir uns?"

Sein Gedankenkonzert dröhnt, übertönt die Wellen.

„Wieso sollten wir uns kennen?"

„Ich habe das Gefühl, dass wir uns kennen, dass wir uns schon begegnet sind, aber ich kann es mir nicht erklären."

„In einem anderen Leben, vielleicht?"

„Mach es nicht so kompliziert! Die Toten reden, aber sie kommen nicht wieder."

„Das denkst du wirklich?"

„Gib mir einen Hinweis, ich verstehe dich nicht."

Sie dringt in seine Gedanken ein und spiegelt ihm die Liebesnacht in seinem Zimmer. Die Nacht, als Myrta sich ihm hingegeben hat. Sie haben sich eingeschlichen, sind unter das Leintuch gekrochen, er fragte Myrta: „Willst du mit mir zusammen sein?" Myrta lachte, bewegte sanft ihre Hüften. Federleicht sprang er aus dem Bett und legte ein Tuch auf den Boden, damit die offenen Räume keine Bettgeräusche preisgaben, zog sie zu sich hinunter und sie liebten sich, wie nie zuvor und niemals nachher.

Er wird still, schaut ihr in die Augen und versteht nicht. Wieso denkt er an Myrta. Hinter den braunen Augen von Yelaina, funkelt Myrtas blau. Erst jetzt bemerkt er, dass sie am Ort der Begegnung sitzen.

„Mein Lieber, du wirst bald gehen, du wirst bald erreichen, was du dir vorgenommen hast. Aber es wird schwierig sein. Du bist nicht an goldene Käfige gewöhnt. Du bist ein Paradiesvogel. Die Flügel werden dir gestutzt, du wirst leiden. Es wird Jahre dauern bist du wieder fliegen kannst. Dann wirst du an diesen Ort zurückkehren."

Er sitzt verdutzt und nachdenklich da, sieht den Ring an ihrer Hand und will etwas sagen. Yelaina steht auf, blickt noch einmal in die dunkle, rauschende Weite, dankt der Meeresgöttin. Sie nimmt sein Gesicht in die Hände und küsst ihn auf die Stirn. Ihre Tränen rinnen über seine Wangen und berühren seine feuchte Trauer. In diesem Moment wird sie unsichtbar für ihn. Er wird sie nicht mehr antreffen.

Yelainas Traum

Im Traum wacht Yelaina in einem kleinen Holzhaus auf. Sie liegt auf einer schmalen Pritsche, einer Art Krippe, wie sie Myrta von der Weihnachtsgeschichte kennt, nur grösser, für eine erwachsene Person. Es tropft auf das Blätterdach. Zum Glück ist es ziemlich dicht, nur bei starkem Niederschlag schützt es nicht vollständig von der Nässe. Dann zieht sie sich in den dichtesten Winkel des Raumes zurück und wartet. In dieser Region der grossen Flüsse regnet es oft, aber nicht lange.

„Die Sonne wird schon bald scheinen." Der Klang der Tropfen erzählt es ihr.

Die weisse Stute grast vor der Hütte und schnaubt ihr eine Begrüssung zu. Sie begleitet Yelaina auf ihren Wegen, wenn sie die Menschen besucht, was sie nicht oft tut. Sie verlässt die Hütte und den Ort nur, wenn sie gerufen wird. Dann nutzt sie auch die Gelegenheit, ihren Sohn und die Familie in die Arme zu nehmen. Sohn und Vater leben in der kleinen Stadt etwa zwei Stunden Fussweg von hier. „Es ist gut so", denkt sie. Es ist gut, dass der kleine Löwe beim Vater wohnt und ein normales Leben in der Familie führen kann, auch wenn sie ihn und den Mann jeden Tag vermisst.

„Manchmal kann man nicht wählen und die Aufgabe ruft, obwohl es schmerzhaft ist."

Sie setzt sich auf die Pritsche, kämmt ihre langen schwarzen Haare, zieht ihr Nachthemd aus, streift ein weites Kleid über den straffen Körper und schlüpft in die Ledersandalen. Sie verlässt die kleine Unterkunft trotz Regen, denn schon bald wird Wärme und Sonne wieder so drückend sein. Sie kann die Erfrischung brauchen.

Etwas weiter unten fliesst der Fluss Richtung Meer, auf den gegenüberliegenden Hügelkuppen zeichnen zerzauste Kokospalmen eine vom Wirbelsturm gekränkte Natur in den Morgenhimmel.

„Der Sturm wird immer wieder kommen, aber hoffentlich nicht mehr so mächtig wie der Letzte. "

Sie liebt die Morgenfrische, die nicht lange andauern wird.

Der Orangenbaum hinter dem Haus bietet ihr den süssen Morgengenuss an. Avocados, Mangos, Ananas, Guapen, Bohnen und Tomaten nähren sie gut und die Hühner legen Eier. Ab und zu bringt ein Nachbar Reis und ein paar zusätzliche Nahrungsmittel aus der Region, sogar köstliche Schokolade. Was braucht sie mehr. Die Pflege des kleinen Gartens hinter dem Haus ist ihre Lieblingsbeschäftigung und natürlich geniesst sie die langen Spaziergänge mit ihrer Stute.

„Hallo, guten Morgen meine Schöne, meine Treue, was machen wir heute? "

Yelaina streichelt das weiche Fell des Tiers, küsst sie sanft auf die Nüstern und schlürft den süssen Saft der Frucht.

„Ich glaube, wir sollten uns heute wieder an die Quelle setzen, wer weiss, ob uns nicht schon bald wieder jemand ruft und wir uns auf den Weg zu den Menschen machen müssen."

Frau und Tier wandern zusammen einen kleinen Pfad zwischen Palmen und Gestrüpp den Hügel hoch. Nach etwa zweihundert Metern sehen sie die zwei beeindruckenden Yuccas, eine mit schwarzen und eine mit weissen Blüten.

„So schön, dass sich beide den Raum lassen, gross zu werden. Sie werden hier noch lange weiterwachsen", denkt sie. Unterhalb der Pflanzen quillt Wasser aus dem Boden, für

Yelaina eine helle, reinigende, kräftigende Quelle. Aber seit dem Sturm hat sich das Bild verändert und Yelaina hofft, dass das niemand entdecken wird.

Die Erde bei den Yuccas ist abgesackt und die Wurzeln wurden zum Teil freigelegt. Zwischen den Verschränkungen der beiden Pflanzen strahlt jetzt ein leuchtender, grosser, grünblauer Smaragd aus dem Erdreich.

Verschwinden

Die Hausbesitzer der kleinen Unterkunft von Yelaina kehren zurück. Es wird nicht darüber gesprochen. Die Nachbarn fragen nichts und die Verwandten der seltsamen Frau, die aus der Hauptstadt plötzlich angereist und genauso unerwartet wieder verschwunden ist, sprechen nicht darüber. Erstaunlich ist nur, dass die Hausbesitzer sich neue Ventilatoren, einen neuen Fernseher und ansprechende Kleider leisten können. Aber auch das kennt man in dieser geheimnisvollen Welt, die Schweigen gelernt hat. 'Man weiss nie', so besagt ein Sprichwort der lokalen Kultur. Man kann Worten, Verhalten und sogar sichtbarem Ereignis nicht trauen.

Man wird Geschichten über Yelaina erzählen, aber hinter vorgehaltener Hand. Sie wird eine widersprüchliche Märchenfigur werden. Vielleicht war sie die Erscheinung der heiligen Barbara oder aber einer dunklen Macht, die sie alle verwirren wollte. „Aber sie hat ja nichts Böses bewirkt, niemand wurde krank, die Hausbesitzer kamen sogar zu Geld und ein Spitzel war sie wohl auch nicht, denn der staatliche Sicherheitsdienst hat niemanden verhaftet ", so die Leute im Quartier.

Der Velomechaniker: „Ich kenne sie, aber ich werde es niemandem sagen. Ich kenne sie irgendwie."

Jabao: „Die Leute verstehen die Welt nicht! Natürlich war sie es. Ich habe das Blaubraun der Augen gesehen."

Miraola: „Warum kommst du nicht zurück? Warum darf ich dir nicht meine Leidenschaft anbieten? Komm doch Myrta, bitte! "

Leon: „Sie war es, sie war stark, sie war für mich da. Sie hörte auf ihr Herz und sie wird es weiter tun."

Die Tante: „Sie werden es finden, die zwei Seelen in einer Brust, und sie müssen es hier finden, denn sie haben sich hier kennengelernt. Ich freue mich."

Die Quelle

Der Traum hat Yelaina an den Ort getragen, den sie suchte. Die Tante hatte recht, daran hat sie nicht gezweifelt, warum auch, es kommt, wie es kommen muss, so sagen sie hier.

Sie wacht auf der engen Pritsche auf und blickt in die braunen Augen der Stute, die in die kleine Hütte schaut und sie begrüsst. „Da bist du ja endlich! "

Yelaina und die Königin spazieren ruhig und vertraut, Schulter an Schulter, auf dem schmalen, bekannten Weg den Yuccas, dem Edelstein, der Quelle entgegen. „Du hast mich erwartet, meine Schöne?" „All die Jahre, Jahrzehnte, Jahrhunderte war ich hier, wusste, dass du zurückkommst, unsere Liebe vergeht nie. "

Yelainas Herz beginnt zu leuchten, wie das der Stute, wie der Smaragd, wenn die Sonne hineinscheint und wie das von Myrta, jetzt. „Meine liebe Seelenschwester, spürst du uns, wir kommen an. Bald gibt es keine Trennung mehr. Wir erwarten dich. "

Yelaina setzt sich an die Quelle, die ihre Füsse kühlt. Die Stute grast neben ihr. Der edle blaugrüne Stein auf Augenhöhe zieht sie in seine Farben. Strukturen des Zeitgeschehens leuchten auf. Der süsse Duft der schwarzen und weissen Blüten benebelt ihre Sinne. Sie sinkt in eine zeitlose Ruhe und das Glitzern des frischen Wassers reflektiert Himmel, Yuccas, Edelstein, Stute, ihr Gesicht.

Dann sieht sie Myrta, die Kinder, den grossen und den kleinen Leon, die Heimat, die Ferne, die Freunde und es werden immer mehr Gesichter, die sie kaum erkennen kann, aber vertraut sind. Eine unendliche Ahnen- und Menschengruppe reiht sich ein.

Die Quelle kühlt ihre Waden, ihre Knie, ihre Hüften, ihren Rumpf, Arme, Hals, Kopf, dann das Herz, ihren Geist, der sich löst und gemeinsam mit der Stute taucht sie in das reine Wasser, welches sie zum Teich, Fluss und dann ins Meer führt.

Letztes Aufwachen

In Myrtas Brust ist eine Seerose gewachsen. Sie löst sich langsam aus der Traumwelt, fühlt Leichtigkeit im Körper, die Mutterkatze in der Kniekehle, die Tochterkatze am Rücken. Angeschmiegt schnurren sie synchron.

Sie tastet nach den Fellkörpern und streichelt sie sanft und dankbar. Dann berührt sie den dunkeln, rasierten Schädel des Mannes. Er dreht sich so, wie er durch seine Wohnung schlurft, langsam, schwer, genüsslich und jetzt schläfrig.

Er schaut in ihre Augen, erkennt, lächelt und küsst sie auf die Stirn. Sie schmiegt sich an seinen weichen, starken Männerkörper und flüstert: „Leon."

Ein kleines sanftes Wippen ihrer Hüften in Richtung seines wohlplatzierten Hahns bringt sein Blut in Wallung und er wird leicht und jugendlich, wie damals.

zum Glück bist du noch da

zartes Eindringen
passende Fülle
Aufnehmen der Kraft
der Wärme
Hingabe
an einen Rhythmus
den wir beide suchen
finden
steigern
flüsternde Liebkosung
Worte
die sich in unseren
Augen spiegeln
offen und geschlossen
zusammen eintauchen
in eine Woge
die uns auflöst
keine Grenzen mehr zulässt
uns trägt
dich
mich
in den Moment
der erschütternden Verbindung
die nicht währt
bleibt

verklebte, verschlungene Körper
lösen sich
zum Glück
bist du noch da

ich liebe dich

Sie ist gegangen

Der Mann dreht sich aus den Laken, Mutterkatze in der Kniekehle, Tochterkatze an den Rücken geschmiegt. Sie schnurren nicht.

„Myrta? Myrta?"

Er fläzt sich verlegen, verwirrt aus dem Bett und schlurft durch Gang, Küche und Wohnzimmer, mehr gibt es hier nicht. Im Küchenfensterausschnitt hängt schlaf die rotweisse Nationalfahne.

„Myrta? Wo bist du?"

Durch das grosse Terrassenfenster sieht er die Silhouette des würdigen Turms der Kirche von Maria im Stein. Eine vom Morgenlicht schwach erhellte Wolke in Form eines Pferdes und einer Reiterin entfernt sich alleine Richtung Westen. „Weiss wird sie sein, die Wolke, weiss wie der Schnee", denkt er.

Die Königin

Das edle Tier setzt seine Reiterin am Wasser ab und löscht seinen Durst, dann trabt es davon Richtung Städtchen.

Myrta hört noch das heitere, ferne Lachen der Grossmutter, dann taucht sie in die Tiefe des Teichs, der ganz in der Nähe von der Quelle gespeist wird.

Natürlich ist Leon da, er wusste, dass sie kommen wird, seine Schimmelstute. Er blickt in ihre dunklen Augen, fährt über ihr zartes Fell, ihre Nüstern zittern, er streichelt ihre samtene Mähne. „Keine Angst meine Schöne, hier bist du zuhause." Er wird sie reiten an diesem Ort, in der Sonne, am Meer und in der üppigen Vegetation.

Gegenwart

«In jedem Menschen gibt es einen Bereich, der Afrika ist. Wir alle haben ein Afrika in uns.»

(There is a realm in everyone that is Africa. We all have an Africa within.)

Ben Okri , A time for new Dreams

Hand in Hand

Die Klappstühle haben sie nahe an das Wellenspiel gerückt und das kühle Salzwasser züngelt um ihre nackten Füsse. Die Wolldecke, die Myrta von ihren Kindern zum Geburtstag erhalten hat, haben sie sich um die Schultern gelegt. Beide halten sie den Wärmeschutz mit der rechten Hand, die Linken verschränken sich. Die helle, von der Sonne gebräunte, kleine Hand mit Alterszeichnungen liegt in der dunkelhäutigen, grossen, jüngeren Hand mit den langen Fingern und wohlgeformten Nägeln auf dem starken Oberschenkel der Jüngeren. Sie sitzen ruhig, nahe beisammen und schauen in die Ferne. Die Sonne neigt sich und berührt die Wasserlinie und die Mondsichel hängt fast durchsichtig in dem sich langsam dunkel färbenden Himmel. Tag und Nacht begrüssen und verabschieden sich.

Sie haben sich in einer Meditationswoche kennengelernt. Beide Frauen sind nach dreijähriger Auszeit zum selben Zeitpunkt in das Zentrum zurückgekehrt. Myrta war erstaunt, sie hat noch nie eine Afrikanerin in diesem Umfeld angetroffen und noch erstaunlicher war, als sie zur selben Arbeit eingeteilt wurden. „Kein Zufall", so dachte sie.

Eines Abends sprang Myrta schnell wie eine Katze, die die Maus fängt, zur Frau und fasste sie an den Schultern. Der Rücken begann sich aber schon zu versteifen. Sie konnte sich noch auf ein Sofa setzen, dann verkrampften sich zuerst Schultern, dann der ganze Rücken. Die Freundin lachte heiser.

Myrta: „Was kann ich für dich tun?"

„Nichts. Ich kann schon bald nicht mehr sprechen, es ist jetzt in der Brust und im Kehlkopf."

Sie fasste sich an den Hals und nahm Myrtas Hand. Myrta berührte sie an den zuckenden Körperzonen. Nach etwa zehn Minuten war der Spuck vorbei.

„Es geht mir besser, danke."

Myrta: „Ich glaub, ich weiss, was das ist."

„Was denkst du?"

„Lass uns im Moment nicht darüber sprechen."

Am nächsten Tag erschien die Freundin wieder verkrampft, sie hatte Schmerzen, aber ertrug es stumm. Später sprachen sie kurz über die Mächte ihrer Herkunft, dass sie sich aber entschieden habe, sich nicht mehr einschüchtern zu lassen. Sie werde einen Weg finden, den Kräften zu trotzen. Sie wählte die Meditation.

Ein grosser Vogel schwingt sich durch die Dämmerung und der kräftige Flügelschlag grüsst sie. Die Wellen umspielen ihre Fussgelenke, die Flut kündigt sich an. Sie rücken ihre Stühle etwas zurück und setzten sich wieder synchron.

Die Freundin schaut sie an, ihr Dunkelbraun trägt den blauen Schimmer von Myrtas Augen und Myrta? Sie hatte schon immer braune Flecken in ihrem Blau.

Wortlos stehen sie auf, setzen die Stühle zurück, rücken die gemeinsame Decke zurecht, fassen sich in den Taillen und gondeln geschützt vom Wollgewebe, im Wellenrauschen und Lichtspiel des Übergangs den Strand entlang. Aus der stillen Tiefe des Meeres erhebt sich eine Frau in wallend blauem Gewand. Sie winkt ihnen zu.

Die Philosophin

„Nana, wieso hast du so viele Zeichnungen im Gesicht?"

Das kleine Mondgrosskind nennt Myrta Nana.

„Meine Liebe, diese Zeichnungen erzählen die Geschichten meines Lebens. Was siehst du?"

„Du hast viel nachgedacht, das kreiste auf deiner Stirn, aber du hast auch viel gelacht."

„Mein kleine Weise, das ist so. Ich habe ein reiches Leben gelebt. Mit viel Spass, Freude, aber ich musste auch viel nachdenken. Manchmal ist es sinnlos und wenn man älter wird, fliegen die Gedanken vorbei wie nächtliche Schatten... Das ist ein Liedtext. Ich habe die Melodie oft gesungen. Sie hat mir sehr gefallen, als ich klein war."

„Warst du auch einmal so klein wie ich?"

„Wir kommen alle sehr klein auf die Welt, aber manchmal denke ich, ihr wisst mehr als die Erwachsenen. Wir müssen sehr wahrscheinlich vergessen, um Neues zu lernen. Aber sei unbesorgt, irgendwann darfst du wieder so werden, frisch, verspielt, etwas müde im Körper, aber das ist dann nicht mehr so wichtig."

„Ich werde wieder, wie ich bin? Was heisst das?"

„Das Leben wird es dir zeigen. Du wirst viel Freude haben. Du wirst auch traurig sein."

„Ich will nicht traurig sein."

„Du wirst es lernen."

„Nana, wirst du sterben?"

„Ja, meine Liebe."

„Das wird mich traurig machen."

„Ich werde sterben, weil ich müde werde, weil ich alles getan habe, was ich auf dieser Erde tun soll. Ich werde gerne sterben."

„Nana, du darfst nicht sterben. Niemand darf sterben, keine Tiere, nicht die Mama, nicht der Papa, niemand!"

„Mein Mondkind, du wirst es verstehen, du bist klug und schon sehr erfahren. Vertraue auf das Leben. Es ist ein Geschenk und Sterben ist oft auch ein Geschenk. Glaube mir, meine Liebe, auch wenn ich gestorben bin, wirst du mich spüren, wenn du das möchtest."

„Ach Nana, wenn du nicht meine Nana wärst, würde ich dir nicht glauben. Wollen wir zu den Pferden gehen?"

„Natürlich meine Starke! Wir werden die weisse Stute besuchen. Sie wird sich freuen und du darfst sie reiten."

Maria

Die Reise scheint lang
ist jedoch nur ein Wimpernschlag
in der Unendlichkeit

wir kommen und gehen
in wiederkehrenden Rätseln
die sich nur
im Vertrauen
lösen

Schmerz ist Transformation
und bietet Heilung an

weich nicht aus
du bist nicht allein